Why are you successful
in human relations?

100%好かれる1%の習慣

マナー講師
松澤萬紀
Matsuzawa Maki

ダイヤモンド社

はじめに

ＡＮＡ客室乗務員として12年。500万人のお客様から学んだ人間関係の法則とは？毎日の行動を「１％」変えれば、あなたの人生が変わる

私はＡＮＡの客室乗務員（以下ＣＡ：キャビンアテンダント）として、12年間、空を飛び、２００７年に退職するまで、５００万人以上のお客様のご対応をさせていただきました。

空の上には、さまざまなドラマがあります。お客様は、十人十色です。

国内線のＣＡとして、多いときで１日に２０００人以上のお客様と接してきた私は、

「人の思いや気持ち（内面）は、日常の行動（外面）にあらわれる」ことを学びました。

12年間のフライト生活を振り返ったとき、たくさんの方の笑顔が、いまも心に残っています。なかには「もう一度お会いしたい」と思う、素敵なお客様もいらっしゃいます。

たとえば、歌手の松田聖子さん。

私が松田聖子さんに惹かれたのは、彼女の振る舞いに、ＣＡに対する気づかいが感じられたからです。

そのひとつが、お礼のしかたでした。私がお茶をお出しした際、彼女は、となりの席の方とお話をしていたにもかかわらず、可能なかぎり上体を私のほうに向け、私としっかりと目を合わせ、笑顔で「ありがとうございます」とお礼をしてくださいました。

それも一度ではありません。フライト中、何度も同じようにおじぎをしてくださいました。そして、なんと飛行機を降りるときにも、「おいしいお茶をありがとうございました」とお礼を述べてくださったのです。

松田聖子さんの振る舞いに、本当に、一瞬で心をつかまれたのを、覚えています。

たとえば、ソウル・ミュージックの神様と謳われた、故ジェームス・ブラウンさん。当時、まだＣＡの仕事に慣れず、手際が悪かった私。私がミスをして、先輩ＣＡから注意を受けたことに、ジェームス・ブラウンさんは気づいていたのでしょう。彼は私を呼んで「ニューヨークタイムズ紙」を広げながら、こう言って笑いました。

「この新聞に出ているこの男性、なにをかくそう、実は僕なんだよ（笑）。どう？びっくりした？」

彼は「あのＣＡは、先輩に怒られたのではないか」と察し、私のことを「元気づけたい」と思ってくださったのだと思います。しかも飛行機を降りるとき、「よかったら、ライブを見に来て！」と言って、私をライブに招待してくださったのです。

彼のやさしい笑顔とあたたかい言葉に、私は「とても救われた気分」になり、一瞬で彼のファンになってしまいました。

私は、松田聖子さんとジェームス・ブラウンさんが「有名人だから」という理由で、「もう一度会いたい」と思ったわけではありません。

当時は「とても良い人だな」と好感を持ったわけですが、「CS（お客様満足）向上コンサルタント」となった、いまの私には、お2人の魅力の意味がわかります。

お2人が多くのファンに慕われているのは、**「相手がどう思うか」「なにをすれば相手が喜んでくれるのか」を察する「相手を気づかう心」があり、それを言葉と行動に込める習慣を持っているから**なのです。

そんな人は、ほぼ100％に近い確率で、どんな人からも好かれます。ですが、その気づかいの習慣を持っている人は、わずかに「1％」でしょう。そして、やろうと思えばだれでも実行できる、たった「1％」の習慣です。

私は、その「1％の習慣」に惹かれました。

500万人以上のお客様にお会いして、わかったことがあります。それは、「マニュアル通りの言葉や行動では、相手の心には届かない」という事実です。

このお2人が私の「感情」を動かしたのは、私へのやさしさが「うわべを飾ったものではなかったから」でしょう。お2人の振る舞いは、とても自然でした。

自然に、「私の存在」を認めてくださったのです。

「私はあなたという存在を大切にしていますよ」というメッセージが相手の心に届くこと、つまり「相手の承認欲求《しょうにんよっきゅう》を満たすこと」こそが、「人間関係を円滑にするキーワード」といえるのです。

マナーは所作ではなく、「相手を気づかう心」が大切である

私は「お客様の笑顔」が見たくて、CAになりました。すると、その思いは次第に膨みはじめ、「飛行機を利用するお客様だけでなく、もっとたくさんの人の笑顔が見

たい」と思うようになりました。

「笑顔」は、人の心を幸せで満たします。私がCAをやめて「マナー講師」になったのは、「もっともっと、たくさんの人を笑顔にしたいから」です。「人付き合いのマナー」こそが人間関係を変え、人の心を「あたたかく」し、自分の人生をも変えていくのです。

私がマナー研修を行うとき、はじめに、みなさんにお伝えすることがあります。それは、

「マナーは所作ではなく、『相手を気づかう心』が大切である」

ということです。所作を覚えることはとても大事ですが、「相手を気づかう心」が伴っていなければ、それは、「見せかけ」にすぎません。

どうして「相手を気づかう心」が大事なのでしょう？ それは、人間はだれでも、「人に心から認められたい」「大事にされたい」「わかってほしい」と思う心＝「承認

欲求」があるからです。

先ほども申し上げたように「承認欲求を満たすこと」こそが、人間関係を良好にするキーワードです。では、「承認欲求を満たすこと」とは、具体的にどんなことでしょうか？

たとえば、知り合いがひとりもいない「パーティー会場」で、ひとりで心細く思っていたとき、「名刺交換をさせていただけますか？」と笑顔で声をかけられたら、どう思いますか？　だれかに気づいてもらえたことを「嬉しい」と思うはずです。

たとえば、自分が残業をしているときに、同じフロアの同僚が「カフェラテの差し入れを買ってきてくれた」としたら、その「気づかい」が嬉しくなりませんか？　こうしたささいなことでも「相手の承認欲求を満たすこと」になるのです。

承認欲求があるのは、大人だけではありません。私たちは、生後すぐに、「生存に対する本能」として承認欲求を持つようになります。

私の姪も、0歳のときに、すでに承認欲求がありました。弟と義妹が食事をする際、彼女をベビーベッドに寝かしたままにすると、姪は急に泣き出すのです。けれど、輪の中に入れてあげると、すぐに泣きやみます。

それは、**人はたとえ0歳でも、ひとりになることに恐れを感じるものだからです。**

名刺交換をしてきてくれる人やカフェラテの差し入れが嬉しいのも、姪が泣きやんだのも、それから、私が松田聖子さんやジェームス・ブラウンさんのことを好きになったのも、「人としての承認欲求が満たされたから」です。承認欲求が満たされて、「あたたかい気持ち」になったからです。

人間関係の悩みをなくす「3つのポイント」

「人間の悩みの80％は、人間関係だ」

この言葉は、カナダ出身の精神科医、エリック・バーン博士が語ったものです。言い換えると、**「人間関係の悩みがなくなれば、人生の80％はうまくいく」**ということです。

だれもが人間関係に悩み、ときには苦しみ、病気になってしまう人さえいます。

その一方で、人間関係を円滑にし、楽しい毎日を過ごしている人もいます。

では、どうすれば「人間関係がうまくいく」のでしょうか？　これは、いまの時代、たくさんの方々が抱えている大きな悩みです。

私自身も、人間関係に悩み、苦しみ、たくさんの方々と出会ってきたなかで、人間関係の悩みをなくすには、「3つのポイント」に目を向ける必要があることに気づきました（本書では、この「3つのポイント」を手に入れるための方法をご紹介します）。

【ポイント①】「だれにでもできるのに、1％の人しかやらないこと」

企業家最年少で韓国の大統領表彰を受賞したべ・ドンチョルさんは、1分でも遅刻しそうなときは、必ず相手に電話を入れます。

元首相の小泉純一郎さんは、食事のとき、相手に背を向けて割り箸を割ります（その理由は、本書にて後述しています）。

いずれも、やろうと思えばだれにでもできますが、実行できている人は、わずかに、1％程度でしょう。

松田聖子さんは、私に対して「ありがとう」を2回言ってくださいました。「お茶をいただいたら、『ありがとう』を言う」のは、だれにでもできることかもしれません。

ですが、レストランで見ていても、スタッフにお礼を言う人はとても少ないです。

だれにでもできることなのに、それをしていない人がとても多い。だからこそ、「2回」もお礼を述べてくださった松田聖子さんのことを素敵だと思い、いまも印象に残っているのです。

相手に向き合い「だれにでもできるかんたんなこと」だけれども、「1%の人しかやっていないこと」を習慣にしている人は、ほぼ100%に近い確率で、まわりの人の心を「あたたかく」するのです。

【ポイント②】「人から選ばれる人になる」

私は、多い年は、年に200回ほどセミナーなどに登壇していますが、受講者に決まってみられる「共通点」に気がつきました。

たとえば「1クラス30人」の研修を行うとき、6人1組にして、各テーブルを「島型」に5つ配置したとします。入室した順番に「好きな場所」に座ってもらうようにすると、不思議と「同じような人たち」のグループができます。

「元気よく盛り上がるテーブル」「静かに私の話を聞くテーブル」「年長者ばかりの

テーブル」……など。

どうしてこのようなことが起きるのでしょうか。それはみなさんが、「好き」か「嫌いか」を瞬時に判断し、「人を選んでいるから」です。

「あのテーブルの人は、くしゃみをするときに手を添えていなかった。きっと、気づかいができない人なのだろう。あの人と一緒は嫌だな」

「あのテーブルの人たちは、自分よりも年上ばかり。みんな厳しそうだから避けよう」

「あの男性は清潔感のある身だしなみだな、スーツがパリッとしている。仕事ができそうな感じがするから、話してみたい」

手を添えないからといって、気づかいができないとはかぎりません。年長者が必ずしも厳しいわけではありません。清潔感のあるスーツを着こなしているからといって、仕事ができるわけではありません。

けれど私たちは、**「手を添えない＝気づかいできない人」「年長者＝厳しい人」「身だしなみがきちんとしている人＝仕事ができる人」と、勝手に結びつけて考える傾向があります**。

友人のIさん（男性）は「毎日、元気に挨拶をしていた」ことでリストラを免れたそうです。「毎日､元気に挨拶ができる＝仕事ができる」と上司に評価されたからです。また、Mさんが奥様との結婚を決めたのは、「彼女が、両手を添えてドアをしめたから」でした。「両手でドアをしめる＝丁寧な人」と意味づけしたわけです。

まさに「一事が万事」。私たちは、わずかひとつの物事から、ほかのすべてのことを類推して考えることをします。

だとすれば、まわりの人たちから「良い意味づけ」をされ、「選ばれる人になる」ことを心がければ、人生が変わってくるでしょう。

【ポイント③】「毎日の習慣にする」

研修講師をしていて、「残念に思うこと」がひとつだけあります。「せっかく研修を受けたのに、変わらない人がいる」ことです。

学んでも変わらないのは、「行動をしていない」ことに原因があります。「わかる」と「できる」は違います。「大きな声で、元気よく挨拶をすること」が大切だとわかっても、行動に移さない。行動したとしても、一度や二度でやめてしまう。これでは「身についた」とはいえません。

リストラを免れたIさんは、「いつも」元気に挨拶をしていました。Mさんの奥様は、「いつも」両手でドアをしめていました。でも、毎日できる人は「1%」。

小さな習慣を、延々、長い時間積み上げてきたからこそ、「あの人は仕事ができる人」「あの人は丁寧な人」という印象を、相手に与えることができるのです。

みなさんは、「自分のいないところで、自分がどのように噂されている」と思いますか？
自分のいないところで、「良い噂をされる」ようになったら、それは「毎日の習慣としてできている」からです。つまり、「あいさつをきちんとする」「時間を必ず守る」「いつもていねい」など、「1％の習慣」が身についてきた証拠なのです。

本物を見続けることでしか、「本物の輝き」はわからない

宝石の鑑定士は「本物のダイヤモンドとニセモノのダイヤモンドを見分けられる訓練を、どのようにしているか？」というお話を、知り合いの教授からうかがったことがあります。その答えはこうでした。

「本物のダイヤモンドを、見続けることです」

「本物のダイヤモンドしか放つことのできない光」を、何千回と見続ける。そうすれ

ば、本物とニセモノの輝きの違いがわかってくるそうです。

教授のお話をうかがい、私は「相手を喜ばせたいと思う気づかいや、やさしさ、愛情も、まったく一緒だ」と思うようになりました。

本物のやさしさや気づかいを知らない人は、本当にやさしくなれないし、本当に気づかえない。それは、自分が本当のやさしさや気づかいを味わったことがなければ、それを想像することができないからです。

私は、CAとして、CS向上コンサルタントとして人と向き合い、「本物の1%の気づかい」を持った方々と出会い、学び、自ら取り入れ、一つひとつ習慣にする努力をしてきました。

本書は、「本物たち」や「劇的に人生を好転させた人」たちが身につけている「1%の習慣」をご紹介しています。

彼らが多くの人から好かれ、信頼されているのは、前述した3つのポイントを、すべて満たしているからです。「どうすれば相手が喜んでくれるのか」を、本気で考える思いやりがあったからです。

「また会いたい」と思われた数だけ、人生が豊かになる

「山は大きくて偉大だ。
けれども、自分の足で立って歩くことはできない。
人は小さくて無力だ。
けれども自分の足で立ち、会いたい人に会いに行く力を持っている」

この言葉は、CA時代に訓練所の教官からいただいた言葉です。「私たち航空会社は、会いたい人を会いたい人のいる場所まで連れて行く、そんなすばらしい仕事をしている」という思いが込められています。

いま、教官からいただいたこの言葉を思い出し、私はこんなことを思うのです。

「私は、どれだけの人に『また会いたい』と思われているのだろう？」

「松澤さんに、また会いたい」と思っていただけなかったら、私の仕事はありません。私のことを慰めてくれる人も、元気づけてくれる人も、悩みを話し合う人も、応援してくれる人もいません。

私を認めてくれる人がひとりもいなかったら、「承認欲求」を満たされることも、「あたたかな気持ち」に満たされることもないでしょう。

では、どうしたら「また会いたい」と思ってもらえるのでしょうか？　それには、さきほどお話した「３つのポイント」を、一つひとつ、確実に行動に移していくしかありません。

【「また会いたい」と思われる3つのポイント】

①「だれにでもできるのに、1%の人しかやらないこと」
②「人から選ばれる人になる」
③「毎日の習慣にする」

そして、人から「また会いたい」と思ってもらうためには、まずは自分から「人のために行動すること」です。なにもせず、ただ待ち続けているだけでは、「また会いたい人」にはなれません。

「相手に喜んでもらうこと」をほんの少し意識するだけで、自分を取り巻く人間関係が劇的に変化しはじめ、だれもが幸せになれると、私は信じています。

「1日10時間」のトレーニングが必要なわけではありません。お金がかかるわけでもありません。

ほんの1%、この「3つのポイント」を、相手のために配慮することで、人間関係は豊かに彩られていくはずです。

人生の成功も、幸せも、「人間関係の充実」にほかなりません。本書が「人間関係の悩み」を解消するヒントになれば、嬉しく思います。

「また会いたいと思われた数だけ、人生が豊かになる…」

私は願っています。あなたの人生が、豊かな人間関係に彩られて、幸せに光り輝くということを。

マナー講師　松澤《まつざわ》萬紀《まき》

Contents

はじめに 002

第1章

【行動】一瞬の「ちょっとした行動」で、ファンが増えていく

001 ３００人のなかで印象に残る「別れ際のプラスアルファ」 030
002 「細部のしぐさに気を配れるか」が、人から見られている 036
003 機内で起こった「千羽鶴」の奇跡 042
004 「相手が少し得すること」をさりげなくできる人、できない人 048
005 「さとられない習慣」にこそ、人は大きな好感を覚える 054

006 良い縁が、良い円を生む「ご縁の法則」 060
007 5分でも、会いに行く。「なんでもメール病」はやめよう 066
008 私がテレビ出演できた理由は、「スピード解決」 072

第2章

【言葉】たったひと言で相手に好かれる「言葉の魔法」

009 「聴く」とは愛の行為 078
010 「そうですね」は魔法の言葉 084
011 「3割多くほめる習慣」が、人生を変えていく 092
012 理解は偶然に起こり、誤解は必然に起こる 098
013 断定形は「小さな約束」。言葉が未来を引き寄せる 104

014 不安なときの「救いの言葉」が勇気を与える 108
015 「意外な人」からの言葉は、ときに、一生心に残る 112
016 たったひと言でも「ポジティブな言葉」は大きな力となる 116

第3章

【気づかい】好かれる人がいつもやっている気づかいの習慣

017 「笑顔」は、言葉を超えた最高のコミュニケーションツール 122
018 「人は見かけによるもの」あなたは外見で判断されている 128
019 「ニオイ対策」で職場の女性を味方につける 132
020 「ありがとう」は日本人の好きな言葉の第1位 138
021 「謝罪は2回、お礼は4回」で相手の心に確実に残る 142

Contents

022 「自分の名前」は、もっとも気持ちの良い音 148

023 「挨拶だけ」で、人生は変わる 152

024 女性の年齢は「10歳若く」、男性の年齢は「5歳若く」言おう 156

025 「後ろにも目を持つ」と、360度の気づかいができる 160

Column 「見返りを求めない心」が、たくさんのファンをつくる 164

第4章

【テーブルマナー】「テーブルマナー」に相手への気づかいがあらわれる

026 アンケートで90％以上を占める「気になるテーブルマナー」 166

027 「相手が落としたナプキンにどう対処するか？」に心があらわれる 172

028 食事の際の「お金のマナー」。一方通行では長続きしない 176

第5章

【習慣】人に好かれてうまくいく人の習慣

029 1日6万回の問いかけ。「恐怖のDワード」を使わない 182

030 常に「相手ベクトル」で、相手のほしいものを提供しよう 186

031 幸せとは「為《な》し合わせ」。「お互いに与え合う関係」になろう 190

032 「当たり前の小さな気づかい」を、当たり前じゃないぐらい継続する 194

033 「三角ぼめ」は最強のほめ言葉 200

034 人は、正しいかどうかではなく、「感情」で動く 204

035 「人の役に立とうという気持ち」が、自分の道を切り開くいちばんの近道 210

036 「1％の気づかい」ができる人は、当たり前を超えている 214

Contents

037 「やれる！　できる！　大丈夫！」は自分の心を強くする言葉　220
038 「損して得をとる生き方」が、結局いちばん得をする　224
039 「かわいがられる人」とは、素直にすぐ行動に移す人　228
おわりに　232

●カバーデザイン／重原 隆
●本文デザイン／斎藤 充（クロロス）
●編集協力／藤吉 豊（クロロス）
●編集担当／飯沼一洋

第1章

Why are you successful in human relations?

【行動】一瞬の「ちょっとした行動」で、ファンが増えていく

001

300人のなかで印象に残る「別れ際のプラスアルファ」

「CS（お客様満足）向上コンサルタント」になって間もないころ、私は、少しでも仕事の幅を広げようと、ある「講師派遣会社（研修会社）」の採用面接にエントリーしました。300人を超える応募があったなかで、選ばれたのは…、意外なことに、私、ひとりでした。

自分のことでありながら「意外」だと感じたのは、当時、私の講師としてのキャリア期間が、まだ短かったからです。

マナー講師に求められるのは、経験と実績です。ところが、当時の私は講師になったばかり。登壇回数も少なく、ほかの講師に比べたら見劣りしたはずです。

それなのに、どうして、経験の浅い新人（私）が、３００人のなかから、たったひとり採用されたのでしょう？

後日、面接官にうかがったところ、採用の決め手もまた、私にとって「意外」なものでした。いったい、私がなにをしたと思いますか？

採用の理由は、私だけが、スタッフの方が出してくださった「お茶をほめたから」です。面接官の方はこうおっしゃいました。

「面接を終えたとき『今日はお時間を割いていただき、ありがとうございました』とお礼をする講師はたくさんいます。でもそれだけでは当たり前すぎて、印象に残りません。**帰り際に『お茶ごちそうさまでした。とてもおいしかったです』と、気づかいのプラスアルファのひと言を付け加えたのは、松澤さんだけでした。**お茶をほめた人はほかにいません。松澤さんがお茶をほめたとき、この人は違う…と、僕たちの心をつかんだんですよ」と。

面接官は、お茶を出したときから、「応募者の反応を見ていた」そうです。

私は、濁りのないまろやかなお茶をいただき、素直に「おいしい」と言っただけで、もちろん、そう言ったことも覚えてはいませんでした。

けれど、その最後のひと言が、面接官の心に届いたのです。だれもが同じ程度の研修スキルを持っているなら、「良い印象が残った人を選ぼう」と面接官は考えたのでしょう。

「お茶ごちそうさまでした」のお礼は、だれもが言えることなのに、私しか言わなかった。その**「別れ際の1秒間（ラストインプレッション）」が、面接官に小さな感動と余韻を残すことになった**。だから、私が選ばれたのです。「一杯のお茶」で、人生が変わることもあるのですね。

「相手に寄り添った プラスアルファのひと言」で心がつながる

店舗研修の一環として、店舗の本社から「覆面調査」を依頼されることがあります。顧客になり代わった調査員（＝私）が、さまざまな店舗の接客対応をチェックするお仕事です。

調査をしてみると、「この人から買いたい」「この人とまた会いたい」と思わせるスタッフには、「ある共通点」があることがわかります。それは、「相手の気持ちに寄り添ったプラスアルファのひと言をかけている」ということです。

運動会を控え、姪のお弁当箱を探していた私に、「運動会、晴れるといいですね」とレジでひと声をかけてくれる店員さん。

あるいは、スーツケースを持って移動する私に「出張ですか？　お気をつけて」とひと言かけてくれる店員さん。

病院では、待ち時間の長さに疲れた私に「病院に来るだけでも疲れてしまいますよね」といたわりの言葉をかけてくれる看護師さん……。

お客様に「ありがとうございます」と言ったり、患者さんに「お大事になさってください」と声をかけるのは、当たり前のことです。言い方によっては、マニュアル通りに聞こえてしまうこともあります。でも「相手の気持ちに寄り添ったプラスアルファのひと言」を添えると、お客様と販売スタッフの間の見えない壁が、取り払われることがあります。お客様の心に「親しみの気持ち」がわいてくるのです。

その「親しみの気持ち」こそ、人間関係をよりよくする大切なものなのです。

日本の武道や芸道には「残心《ざんしん》」という言葉があります。

技を終えたあとも「心を切らさず、余韻を残す」ことを言うそうですが、人間関係においても「残心が大切」だと私は思います。

「相手の印象に残る人」は、「別れ際の1秒間（ラストインプレッション）」を意識して、最後に、相手の心を開かせるひと言（＝残心）を付け加えているのです。

「当たり前のこと」や「だれもがしていること」だけでは、相手の印象には残りません。「だれでもできるのに、1％の人しかしていないこと（＝ラストインプレッションを残すこと）」が、相手の心を動かすのだと思います。

「雨で足元が滑りやすいのでお気をつけて」
「今日は寒いので、お風邪を召しませんように」

などの「相手の気持ちに寄り添ったプラスアルファのひと言」には、人の気持ちを開かせる力があります。

気の利いたセリフも、奇をてらう必要もありません。小さなひと言でかまいませんから、「相手の気持ちに寄り添ったプラスアルファのひと言」を付け加えてみましょう。

あなたのラストインプレッションで、「人の心の扉を開かせることができる」ことを、どうぞ覚えておいてくださいね。

002

「細部のしぐさに気を配れるか」が、人から見られている

CAは、お客様の荷物を「毛布」で包み込んで、お預かりすることがあります。なぜだと思いますか？

それは、お荷物を「お客様の分身」と考えているからです。

CAは、お客様のお荷物を「宝物として扱う」ように徹底的に教育されています。

CAにとって、お客様は大切な「宝人」です。だとすれば、**お客様の分身であるお荷物も、少しの傷もつけないように「宝物として扱う」のが当然だと考えます。**自分の荷物を大切に扱われて「嫌な気持ちになる人」はいませんよね。

ビジネスシーンでは、「名刺」がその人の分身となります。ですから、いただいた

名刺は、宝物のように大切に扱ったほうがいいと、私は思います。

ときおり、受け取った名刺を指でもてあそんだり、忘れて帰ってしまったりする人を見かけますが、そうした行為に、名刺を受け取った人の「人となり」があらわれてしまいます。

相手が「自分はあまり大切に扱われていない」と、少しでも感じてしまっては、せっかくの出会いがいいものになりません。

私の友人が、「異業種交流の勉強会」に参加したときのことです。終了後の懇親会で、彼女は、AさんとBさん、2人の男性と名刺交換をしました。

Aさんは、彼女の名刺を丁寧に扱ったそうです（胸の高さで、会社のロゴや文字が隠れないように両手で受け取り、受け取ったあとは、「名刺入れ」を名刺受けがわりにした）。Aさんは、「名刺は相手の分身である」ことを、よくわきまえていたのでしょう。

Aさんの立ち居振る舞いから、「あなたも、あなたの名刺も大切にします」という気持ちが、とても伝わってきました。

ところが、Bさんは違いました。あろうことか、彼女の名刺をテーブルに置き忘れて帰ってしまったそうです。

彼女はその様子を見て、「私は大切に扱われていない」と落胆したと言います。

まさか、わざと名刺を置き忘れる人はいませんから、おそらく、Bさんに悪意があったわけではないと思います。けれど、無意識のレベルで、「自分にとって重要でない相手は軽んじる」という気持ちが、その行動にあらわれてしまったのかもしれません。もしくは、時間の経過とともに、気が緩んでしまったのかもしれません。

その人にとって、たまたまテーブルの上に置き忘れてしまった名刺でも、相手の心をひどく傷つけてしまうことになります。これでは、せっかくお話が盛り上がっても、「縁」が途切れてしまいます。とても残念なことですね。

心に余裕がないときこそ、「指から後光」を意識する

私は、国内線のＣＡでした。国際線のファーストクラスをサービスする資格は持っていませんでしたが、ファーストクラスのサービス訓練に入った親友は、訓練センターの教官から、次のような教えを受けたそうです。

「指から、後光が射すようにサービスしなさい」

ようするに「指の先まで神経を行き届かせて、サービスをしなさい」という意味です。

人の心根は、おのずと、動作や姿勢にあらわれます。ＣＡは、お客様に安心感と信頼感をお届けするため、「私たちはお客様を大切にもてなします」という気持ちを「指先」にまで込めるのです。

自分がそうされたとしたら、ものすごく嬉しいと思いませんか？

忙しいときや、急いでいるとき、心に余裕がないとき、人は焦って、つい粗雑に振る舞いがちです。

メキシコに住んでいた友人が数年ぶりに帰国したとき、いちばん驚いたことは、「日本のビジネスマンの姿勢の悪さ」だそうです。駅を行き交うビジネスマンの多くは、「背中を丸めて、心も体も、とても疲れているように見えた」と言います。

余裕があって、機嫌がいいときは、たいていの人は人当たりがよくできるものです。自分を律し、理性的に振る舞うこともできるでしょう。

でも、「心に余裕がなくなる」と、イライラしたり、人にやさしくできなくなったり……。

忙しさにかまけていると、少しずつ相手への気づかいが薄くなり、その気持ちが、動作や所作や姿勢にもあらわれてしまいます。

ですが、**「心に余裕がないときに、どう振る舞えるか」「細部のしぐさにまで気を配れるか」という部分こそが、人から見られているのです。**

ですから、余裕がないときにこそ、優雅に振る舞う。急いでいるときこそ、走らない。疲れているときこそ、背筋を伸ばす。

忙しさに振り回されないためにも、日頃から「指から後光」を習慣づけるようにしたいですね。

003

機内で起こった「千羽鶴」の奇跡

飛行機の機内では、さまざまな出来事が起こります。

同期のＣＡは、「お客様の持つ利他の心（他人の幸福を願う心）」の強さに、「深く感銘を受けたことがあった」と話していました。

東京から沖縄に向かう機内で、高校生数人が、「おりがみの鶴」を折っていました。同級生が手術をすることになり、学校を代表してお見舞いに行くことになったものの、「千羽鶴が間に合わなかった」というのです。

到着までに、一羽でも多く鶴を折ろうとする彼らに心を打たれ、彼女は「私たちも時間があったら手伝いますね」と声をかけました。

「機内で得た情報は、クルー全員で対処するため、周知させる」のが機内のルールです。「21Aのお客様は、お風邪気味です」「45Kのお客様は、朝日新聞をお探しです」といったように、すべての情報を共有して、クルー全員で、ひとつのフライトをつくり上げます。チームワークの良し悪しが、フライトにも大きく影響します。

「千羽鶴」のことを知ったチーフパーサー（客室のCAを統率するリーダー）は、客室にアナウンスをかけて「高校生が、手術に向かうクラスメイトのために千羽鶴を折っている」ことを説明し、「どなたか、お手伝いいただける方はいらっしゃいますでしょうか？」とお客様に呼びかけました。

すると、**嬉しいことに、ほとんどのお客様が手を挙げてくださった**のです。

目的地に着くころには、たくさんの人の思いが込められた「千羽鶴」ができ上がったそうです。

同期のCAは「知らない人同士でも、気持ちがひとつになれば、これほど大きなことができるんだ」と、この奇跡的な出来事に「胸がいっぱいになった」と話してくれました。

私は、彼女からこのエピソードを聞いたとき、あたたかな気持ちに包まれながら、

「『だれかを助けたい』という思いは、伝播《でんぱ》しやすい」

「『人のために、なにかをしてあげたい』という気持ちは、共感を得やすい」

ことを学びました。**共感は、「利己的《りこてき》な行動（自分のことだけを考える行動）」からではなく「利他的《りたてき》な行動（相手のことを気づかう行動）」から呼び起こされるのです。**

乗客のみなさんが鶴を折ってくださったのは、「クラスメイトの快復を祈る高校生の思い」に、心を動かされたからではないでしょうか。

そしてなにより印象的だったのが、「手伝ってくれたみなさま」も、とても幸せそうな笑顔になったそうです。

「ボランティアをしている人は、うつ状態になりにくい」という話を聞いたことがありますが、「人のためになる行動」は、回り回って、結果的に「自分のためになる」

ようになっているのですね。

「与える人」になれたとき、人生は好転していく

「新約聖書（ルカによる福音書）」には「与えよ、さらば与えられん」という記述があります。

この言葉には、いろいろな解釈があるようですが、私は、「私利私欲に走らず、他人のために行動できる人は、たくさんの人の協力を得られる」という意味として、とらえています。

「与える」＝「人のために行動すること」

損得を抜きにして、純粋な心で他人の力になる、そうすれば自分の気持ちも満たされ、相手からも感謝される。それが回り回って、自分の幸せとして返ってくる。そん

な人間関係を築くことができたら、きっと、自分が困ったときにも、だれかが助けてくれるのでしょうね。

人間の心理には「返報性《へんぽうせい》の法則」というものがあります。

この法則は、社会心理学者のロバート・B・チャルディーニが、自著『影響力の武器』（誠信書房）のなかで取り上げたもので、「自分からなにかを与えると、相手もお返しをしたくなる」という心理法則を指しています。

他人に与えている人は、「返報性の法則」によって、いろいろな協力を得やすい。だから、人生が好転していくのだと思います。

大きな行動でなくてもいい。ほんの少しのことでいいのです。

「電車の席を譲る」「自分から挨拶をしてみる」

「自分から連絡する」「『ありがとう』を、いつもより1回多く言う」

見返りを求めずに、「与えよう」の気持ちで行動することを、私は「幸せ預金」と

呼んでいます。人に対してプラスの行いをすることで、結果的に、自分もたくさんのものを与えられる。つまり、「人から応援される」ようになるのです。

「与えること（行動すること）」で、きっと、あなたの人生が変わりはじめます！

Just do it!（あとは、行動するだけです！）

004

「相手が少し得すること」をさりげなくできる人、できない人

数年前、私がはじめて秋田で研修をしたときのこと。ありがたいことに「研修、がんばってくださいね」という応援メッセージ（メール）をくださった方がたくさんいました。

なかでも印象に残っているのは、私にとって「役に立つ情報」を添えてくださった方です。

・「秋田は妻の出身地です。妻いわく、『秋田の人々は、おおらかで包容力があり、しっかり者が多い』そうですよ。ですから、松澤さんをあたたかく迎えてくれると思います」

・「秋田では『きりたんぽ』が有名ですが、この時期でしたら、ハタハタを使った『しょっつる鍋』もおいしいですよ。もし、『しょっつる鍋』を召し上がるのでしたら、○○○○というお店がおすすめです！」

先輩のマナー講師から、**「人から慕われる人は、まわりに『よい情報』をプレゼントしている」**とうかがったことがあります。たしかに、さりげない情報のプレゼントは、大変ありがたく、人の心をあたたかくする力があります。

2011年9月、台風15号は、勢力を拡大して関東地方に接近。公共交通機関は各所で運休となって、多くの「帰宅困難者」が発生しました。企業研修のために東京を離れ、神奈川県にいた私も、帰宅困難者のひとりです。

たくさんの方が私のことを心配し、メールをくださいましたが、そのなかに「さりげない情報のプレゼント」をくださった方がいます。

「今晩は帰れないかもしれないから、ホテルに泊まるしかないかな。でも、どこにホテルがあるのだろう…」と立ち尽くす私に、1本のメールが届きました。

そこには、いたわりのメッセージとともに、「神奈川県の私がいた駅の周辺で、宿泊できるホテルのリスト」が添付されていたのです。不安でいっぱいだった私のことを気づかって、さりげなく送られたこのメールは、いまなお心に残る「情報のプレゼント」です。

当時、私は、出張先で、スマートフォンもパソコンも持っておらず、すぐにホテルなどを探すことができなかったので、とても助かりました。

マナーとは「エチケット＋相手への気づかいと思いやり」

「あの人はマナーがない」
「あの人はマナーのある人だ」
私たちはたびたび「マナー」という言葉を口にしますが、みなさんは、「エチケット」と「マナー」の違いをご存じですか？

1922年に大ベストセラー『エチケット』を出版した女性作家、エミリー・ポスト（エチケットの権威と呼ばれる女性です）は、その違いを次のように説明しています。

「エチケットは、他人への思いやりに基づく、行動の規範であり、良いマナーとは、この規範に則って生活しようとする人々のあたたかい心、善意のあらわれである」と。

わかりやすく言い換えると、**エチケットは「型」であり、マナーは「相手を気づかう心」**です。

たとえば、「知人を見かけたら、挨拶をする」のがエチケット。一方で、「知人を見かけたが、お連れの方と話し込んでいる様子だったので、気を利かせて会釈だけをする」のがマナー。

タクシーに乗るとき、上司を先に乗せるのがエチケット。上司が腰を患っているのを知っていたら、気を利かせて「私が奥に行きますね」と言って、自分が奥に座るのがマナーです。

マナーとは、エチケットに、「相手への思いやりや気づかいの心がプラスされたもの」だと思います。

ですから、相手に合わせて、状況に合わせて、あなたの行動や発言を変えていく必要があるのです。

「情報のプレゼント」も、「相手を気づかう心」のひとつです。ぜひ、相手の心をあたたかくする「情報のプレゼント」を習慣づけてくださいね。

ただし、情報を差し上げる際は、「相手の負担」にならないよう気をつけましょう。

私にホテルのリストをくださった方は、「ホテルの『予約』をしておくこともできましたが、そこまでですると、かえって失礼になると思った」とおっしゃっていました。「予約」までされていたら、私も戸惑ったかもしれません。情報は、負担にならない程度が、いちばん嬉しいと思います。

大切なのは、相手が「必要としている情報」をプレゼントすることです。情報をプレゼントすることも、「行動」です。相手にとって「プラスになる行動」ができる人は、行動した分だけ、あなたのファンが増えていくでしょう。

そして、**相手が「少し得する」ことをさりげなく差し出せるようになれれば、あなたもきっと、同じようにだれかから助けてもらえることでしょう。**

005

「さとられない習慣」にこそ、人は大きな好感を覚える

私の研修に参加してくださった元ＣＡのＳさんから、小泉純一郎さん（元首相）にまつわるエピソードをうかがったことがあります。

彼女がまだ現役ＣＡだったとき、乗客のなかに、小泉純一郎さんがいらっしゃいました。そして、小泉純一郎さんの「ある振る舞い」を見た彼女は、不思議に思ったそうです。

小泉純一郎さんは、お食事をされるとき、さりげなく「自分に背を向けて、割り箸を割った」のだとか。

彼女は「どうして、わざわざ壁を向くのだろう？」と首を傾げましたが、やがてそ

の理由がわかると、小泉元首相に好感を抱くようになりました。

「割る／割れる」という言葉は、「忌《い》み言葉」のひとつとされています。忌み言葉とは、縁起をかついで「使うのを避ける言葉」のことです。

「割る／割れる」は、「別れ」を連想させるため、結婚式などのおめでたい席では、忌み慎《つつし》んで使わないようにします。

「割る」という行為も、相手に不吉な予感を抱かせることがあります。ですから昔は、「相手の見えないところ（テーブルの下など）で割り箸を割る風習があった」のです。

小泉純一郎さんは、お箸を割るときのマナーを知っていたのでしょう。「壁を向いて割り箸を割った」のは、まわりに対する思いやりが自然と身についていらっしゃるから。

「不吉なことを慎もう」という気づかいのあらわれだと思います。小泉元首相の「小さなやさしさ」が、Sさんに「大きな感動」を与えたのです。

傘を（閉じた状態で）持つときは、傘の先を前向きにして持つ（傘の先で後ろにいる人を突くことのないように）。

ドアを開けたら、後ろの人のために押さえておく。

タクシーに乗るとき、スカートや着物をお召しの女性がいたら「では、私が先に」とひと声かけて奥につめる（一般的には、運転席の後ろの席が上座なので、女性を奥に座らせます）。

こうした振る舞いを、さりげなく自然に行うのが「さとられない習慣」です。「やってあげている」という善意の押しつけがないので、相手から好感を持たれます。

「習慣」になるまで続ければ、意識しないでも自然とできるようになる

『「習慣で買う」のつくり方』（海と月社）の著者、ニール・マーティンは、「人間には、

習慣脳が備わっている」と説明しています。

「なにかを日常的に繰り返し行ううちに、それは習慣となり、わざわざ意識しないでも自然にできるようになる」というのです。


元CAの彼女によると、小泉純一郎さんの行為は「わざとらしくなく、とても自然な振る舞い」だったそうです。

「私はマナーをわきまえた人間ですよ」とか「気づかいのできる人間ですよ」といった、あざといアピールはまったくありませんでした。

小泉純一郎さんは、「割り箸は、見えないところで割る」という習慣をすでに身につけており、だから、「わざわざ意識しないでも、自然に壁を向いた」のでしょう。

「人前で割り箸を割らない」ことが、気づかいの風習だったことを知る人は少ないかもしれません。あなたが「見えないところで、割り箸を割った」からといって、気がつく人は少ないかもしれません。

でも、**だれも見ていないところでも自然にできる「気づかいの習慣」が、意外なと**

ころで、人の心に残るのでしょう。

私がＣＡになったとき、先輩から「どんな状況でも、笑顔でいなさい」と教えられました。

「笑顔でいないと、お客様が揺れる機内で不安になるから」と意識的に笑顔をつくっていたら、やがて「意識をしなくても、笑顔でいられる」ようになりました。無意識レベルでできるようになったとき、それは「習慣になった」といえます。

「日本メンタルヘルス協会」の衛藤《えとう》信之《のぶゆき》先生は、

「意識することで、人生が変わる」

とおっしゃっていました。ということは、なにも意識しなければ、

「昨日と変わらない今日の私」

が永遠に続きます。

あなたは、自分の人生を変えたいですか？　このままでいいですか？

「人生を変えたい」と思うなら、はじめは「意識をして」やり続けることです。

やり続けているうちに、やがてそれが「習慣」となり、「習慣」になれば、「意識しないでも、自然とできる」＝「さとられない習慣」が身につくのです。

「さとられない習慣」こそが、実は、もっとも相手の心に届きやすいのだと、私は思っています。

006

良い縁が、良い円を生む「ご縁の法則」

「CS（お客様満足）向上コンサルタント」になったからといって、私はすぐに仕事に恵まれたわけではありません。

CAをやめた当初は仕事も少なく、週に一度、講師として登壇するかしないか、といった程度でした。経済的にもラクではなかったので、将来に対する、心配とも期待ともつかない気持ちを消化できなかったこともあります。

そんな折、懇意にさせていただいている経営者（Cさん）とお話する機会がありました。

私がつい弱音を吐いてしまうと、その方はこう言って、私の悩みを取り除いてくださったのです。

「良い縁が、良い円を生むんだよ。だから、人の縁を大事にしなさい」

このCさんの言葉を聞いて、目が覚めた思いがしました。私は「円（お金）を稼ぐこと」や「仕事をいただくこと」に、気をとられすぎていたことに、気がついたからです。

Cさんが言うように、私に足りなかったのは、「人とのご縁を育むこと」でした。

その後、「円を求めず、縁を求めよう」と考えをあらためると、すぐに研修会社の営業担当者（Sさん）からお電話をいただきました。研修の依頼です。

「急な仕事ですが、引き受けてくれませんか？」

詳細をうかがうと、「明日、予定していた講師の都合がつかなくなったので、ピンチヒッターをお願いしたい」といいます。ところが…、いつもだったらスケジュールの都合がつく、その当時の私が、その日にかぎって、すでに、別の研修講師の仕事が入っていました。

このとき私は、「明日は、別の研修講師の仕事があるので、大変、残念ながらお引き受けできません。また、次回、どうぞ、よろしくお願いいたします」とだけ言って、電話を切ることもできました。けれど「縁を大事にしていこう」と決めたばかり。

そこで、私は「あいにく私は、別の研修講師の仕事で都合がつけられません。けれど、どなたか引き受けてくださる講師を探すお手伝いを、私もします」と申し出ました。私は、「目の前の困っている人を助けること＝縁をつなぐこと」だと思ったのです。

目先の「損得勘定」にとらわれずに、人と人の縁をつなごう

何人かの知り合いの講師に電話をかけ、数時間後、代役の講師をなんとか見つけることができました。Sさんには、とても喜んでいただけたのです。

そして後日、私は、Sさんから意外なお声がけをいただくことになります。私に「大学での講座を、受け持ってほしい」というのです。

もちろん、当時の私は、大学で教えた経験はありません。けれどSさんは、「あのときのような行動力があれば、必ずできます」と見込んでくださいました。

私は「縁を大事にしたこと」で、「大学で教える」というチャンスをいただいたのです。

「円を求めず、縁を求めよう」という思いがなければ、「別の仕事が入っているので、できません」と断っていたはずです。

代役の講師を紹介することもなかったでしょう。

けれど、Cさんに気づかせていただいたおかげで、「縁」を求め、「Sさんの力になりたい」という気持ちに至ったのです。

「忙しい」は、縁を切る言葉です。**「忙しい」がログセの人は、やがて声がかからなくなり、「縁（人間関係）」が途絶えてしまいます。**

「紹介した人がもめ事でも起こしたら、自分の責任になるのではないか」とおそれ、「人を紹介する」ことに消極的な方がいます。

ですが、目先の損得勘定にとらわれずに、「人と人の縁を結びつける人（紹介をいとわない人）」もいます。

たとえば、人気セミナー講師で、『30分で英語が話せる』（ダイヤモンド社）の著者であるクリス岡崎さん。パーティー会場で手持ちぶさたにしていた（知り合いがいなくて、さみしい思いをしていた）私に気づき、たくさんの方を紹介してくださいました。

クリス岡崎さんが、多くの仲間に恵まれているのは、ご自身が、たくさんの「人と人との縁をつないでいるから」だと思いました。

「チャンスは、縁から生まれる」。私は、そう信じています。

ビジネスチャンスに恵まれるには、「自分からご縁をつないであげられる人（＝紹介する人〉」になることが大切です。

良い縁が、良い円を生みます。ご縁をいただいたら、自分のところでため込まない。みずからも積極的に、新しいご縁をつないでいきましょう。

ご縁は、つなげばつなぐほど、どんどん大きく広がって、やがて、信じられないような「大きなチャンス」となって、自分に返ってきます。

私はこれを「ご縁の法則」と呼んでいます。

007

5分でも、会いに行く。「なんでもメール病」はやめよう

『2030年　富の未来図』（フォレスト出版）の著者、ベ・ドンチョルさんは、「Black Diamond Club」代表など、現在7社を経営する企業家です。企業家最年少で韓国の大統領表彰を受賞し、韓国財界の若きリーダーとして知られています。

私はいままで、たくさんのVIPにお目にかかってきましたが、ベ・ドンチョルさんほど謙虚な方にお目にかかったことはありません。

ベ・ドンチョルさんが、だれからも信頼されているのは、「向き合って、話し合う」ことの大切さを知っているからだと、私は感じています。

来日中のベ・ドンチョルさんが、ビジネスでIさんとお会いしたときのこと。ベ・ドンチョルさんもIさんもお忙しくて、なかなか日程の調整がつきませんでした。「今回は無理かな」とあきらめかけたのですが、2人は、なんとか顔を合わすことができました。

ベ・ドンチョルさんは、わざわざ、Iさんが勤務する会社までみずから出向き、Iさんとミーティングを行ったのです。

2人が対面できたのは、わずか45分ほど。でも、日本での滞在を分単位のスケジュールでこなしていたベ・ドンチョルさんにとって、45分の時間をとることさえ、むずかしかったと思います。

わざわざ出向いて行かなくとも、メールで用件をすますこともできたでしょう。時間の都合がつかないのなら、「またの機会」に持ち越してもよかったでしょう。

けれど**メールで終わらさず、タイムリーに「実際に対面した」からこそ、2人の信頼関係は、一瞬のうちに築かれたのだと思います。**

私も、企業研修を行うときは、前もってご担当者さまと「実際に会って、話し合う」ように心がけています。遠方でない場合には、スケジュールが許すかぎり、メールや電話で打ち合わせをすませることはありません。場合によっては、何度も、何度も、ミーティングの機会を持つようにしています。

なぜなら、人間は「十人十色」といいますが、企業さまもまったく同じだからです。企業さまによって「企業研修」に対するご希望が違うので、実際にお目にかかってお話をしてみないと、わからないことがたくさんあります。

お互いまったく別の人間ですから、「100%伝わるコミュニケーション」は存在しません。

けれど、100%伝わるコミュニケーションに近づける努力は可能です。そのために必要なのは、ちゃんと「実際に会って、話し合うことしかない」のだと、私は思います。

たとえ5分でも、会いに行く。メールでは心の距離は縮まらない

メールに依存し、なんでもかんでもメールで伝えようとする方がいます。
とくに、自分に不都合なときほど（謝罪など）メールですませる人がいますが、メールでは、「微妙なニュアンス」が伝わりにくく、かえって誤解を生じることがあります。

ミス・コミュニケーションを防ぐには、「実際に会って会話をすること」が大切です。

私が尊敬する大学教授は、大学生にアンケートをとって、「メールは、コミュニケーションを円滑にする手段になるか」と尋ねたことがあるそうです。すると、約80％の大学生が「ノー」と答えました。もちろん、私の回答も「ノー」です。

私は研修中に、次のようなワークを取り入れることがあります。
受講者同士でグループをつくって、「グループ内の共通点」を探してもらうのです。

制限時間は2分間。

このようなワークをする目的は、「コミュニケーションとは、どういうものか」を知ってもらいたいからです。

お互いの共通点を探して会話をするので、当然、話は弾みます。

2分後に、「相手との距離が近くなったと思う人は、手を挙げてください」と言うと、ほとんどすべての受講者が手を挙げます。つまり、コミュニケーションとは、「会話によってお互いを理解し合い、相手との心の距離を近づけるもの」だといえるのです。

メールはたしかに便利ですが、あくまでも「用件を伝えるためのツール」にすぎません。「相手との心の距離を近づけるもの」でも、「感情のやりとりするためのもの」でもないというのが、私の考えです。

ときにメールは、「逃げる行為」、あるいは「手抜きの行為」として映ってしまうことがあります。

人間関係で手抜きをすると誤解が生じ、のちに、「2倍～3倍になって、しっぺ返し」が来てしまうこともあるのです。

何度もメールを送受信するくらいなら、一度、電話をかけてみる。何度も電話をかけるくらいなら、一度、会いに行ってみる。メールをするより、電話で話す。電話をするより「実際に会って、話し合う」ほうが、何倍も感情が伝わります。

建設会社の社長であるOさんは、

「必要だと思えば、飛行機を使うほど遠くても、たとえ5分しか会う時間がなくても、会いに行く」

とおっしゃっていました。

メールの便利さにかまけず、「たとえ5分でも、会いに行く」。なんでもメールですませていると、それ以上、心の距離は縮まらないでしょう。

心の距離は、物理的な距離にも比例しているのですね。

008

私がテレビ出演できた理由は、「スピード解決」

私は、テレビ局からも「ご縁」をいただくことがあります。「情報ライブ　ミヤネ屋」（読売テレビ）では、「プロテク」というコーナーで、「食事のマナー」をご紹介させていただきました。

「ミヤネ屋」の出演にあたっては、私を含め、4名の講師が候補に挙がったそうです。どの講師を採用するかは、「候補者から企画書をいただき、その内容によって決める」とのことでした。企画書の提出期限は3日後です。

そこで私は、こう考えました。「内容も大事。けれどそれ以上に、何人もの企画書に目を通す、忙しい相手の立場を考えて、早さを優先しよう」と…。

中国の兵法書『孫子』には、「拙速《せっそく》は巧遅《こうち》に勝る」という格言があります。

拙速とは、「つたなくても速いこと」、巧遅とは「巧みでも遅いこと」です。**「完璧を求めて遅くなるより、完璧でなくても仕事が早いほうがいい」**といった意味です。

CA時代、「拙速は巧遅に勝る」を知らなかった私は、仕事のスピード感を軽んじてしまい、その結果「昇進を見送られた」ことがあります。

「昇進試験」を受けようと思いながらも決断できず、「でも、どうしよう…」と悩んでいたため、書類の提出を先送りにしていました。

なんとか期限ギリギリに間に合わせたものの、このことが、私の「評価」を左右したそうです。

上司は、書類をギリギリで提出した私を「やる気がない」と判断していました。「他人より遅いこと」が、次につながるチャンスをなくしてしまったのです。

テレビ出演のお話をいただいたとき、私は、昇進を逃したあのときと同じ失敗をしないよう、「とにかく早く提出する」ことを心がけました。

提出期限は3日後でしたが、私は徹夜で企画書を仕上げ、翌朝、提出。

番組の関係者からは、「企画の内容もおもしろかったけれど、なにより、4人のなかでだれよりも早く企画書を出してくれたことで、松澤さんのやる気が伝わった」と、後に、採用の理由をうかがいました。

私がテレビ出演の機会をいただけたのは、なによりも「スピードを大切にした」からなのです。

チャンスが来たら、「スピード解決」を意識してすぐに行動に移す

CA時代の後輩、Mさんは、磁石のように人を惹きつける女性です。彼女の前向きな行動力は、まわりの人を笑顔にします。私も、彼女の行動力に感動したひとりです。

東京に、私がよく通っている「商売繁盛の神様を祭った神社」があります。近くにはシュークリームを売るケーキ屋さんがあり、甘いものが大好きな私は、いつもそのお店のことが気になっていました。けれど午前中には、完売してしまうため、一度も食べたことがありません。

そのことをMさんに話すと、なんと彼女は、私のためにシュークリームを買ってきてくれたのです。それも、次の日に。

私は「あの神社の近くにある、シュークリームが人気のお店」と伝えただけです。お店の名前も、正確な場所も教えていません。手がかりは、シュークリームだけ。それなのに彼女は、自分でお店を探し出し、場所を調べ、私のために、朝から行列に並んでくれたのです。

人は「自分の問題を解決してくれる相手」に信頼を寄せます。**それも「すぐに」解決してくれたとしたら、強く強く、心に残るものです。**

なぜ、ウルトラマンがヒーローなのかといったら、すぐに、それも「3分以内」に、問題を解決してくれるからではないでしょうか。

「スピード解決」は、人の心に残ります。ヨーロッパには、「チャンスの神様は前髪しかない」ということわざがあります。「チャンスは、すぐにつかまえないと、あとからつかまえることはできない」という意味です。

行動のスピードは、それだけで強いメッセージになります。チャンスが来たら、「スピード解決」を意識して、すぐに行動に移してみましょう。

第2章

Why are you successful in human relations?

【言葉】
たったひと言で相手に好かれる
「言葉の魔法」

009

「聴く」とは愛の行為

私は、心理カウンセラーの衛《え》藤《とう》信《のぶ》之《ゆき》先生（日本メンタルヘルス協会代表）に師事し、心理学を学びました。衛藤先生からはじめに教えていただいたのは、「人間関係を築き上げるためには、『聴くこと』が重要である」ということです。

衛藤先生は、来日していたアメリカ人大学教授を「スナック」に連れて行ったことがあります。

すると教授は、「ここはいったい、どういう場所なのか？」と首をひねったそうです。お店の女性たちが、お客様の話を一生懸命に聴いている。その様子を見て、「こんな場所はアメリカでは見たことがない。女性スタッフがお客の話をただ聴いているということは、もしや、ここはカウンセリンググルームなのか？」と口にしたといいます。

衛藤先生が「ここは、お酒を飲むところです」と説明すると、教授は「日本にカウンセリンググルームが少ない理由がわかった」と頷きました。なぜなら、アメリカのようにカウンセリンググルームを設けずとも、日本にはスナックという名前の「悩みや愚痴を、一生懸命に聴いてくれる場所」がたくさんあったからです。

アメリカに戻った教授は、さっそく「日本でカウンセリングがアメリカほど必要とされていないのは、スナックがカウンセリンググルームの代わりとして機能しているから」であり、**「女性スタッフが、お客の話を一生懸命に聴くことで、期せずして、カウンセラーの役割を担っている」**ことを論文にまとめ、発表しました（ユニークな論調が評価され、この論文は賞を受賞したそうです）。

この教授の論文からも、「人の話を聴くこと」が、人間関係には不可欠であることがわかります。

東日本大震災以降、被災者の話し相手になる「傾聴《けいちょう》ボランティア」に取り組んだ方がいらっしゃったそうです。

「日常生活の苦しみやつらさ、将来への不安など、さまざまな気持ちを思い切り話してもらうと、いつしか、すっきりした声になる」と被災者の現状を綴る新聞記事（毎日新聞・地方版２０１２年３月）を読みました。


臨床心理学では、「人は話すことにより、心が癒される」と考えられています（カウンセリングの父と呼ばれるカール・ロジャースの言葉）。「聴き役になる」だけで、相手の心に、大きな変化を起こすことができるのです。

いまの時代は、ストレスの多い社会です。「だれかに自分の話を一心に聴いてもらいたい」と思っている人は、とても多いものです。

衛藤先生は、

「人は、正されたいのではなく、ただ認められたい生き物」

とおっしゃっていました。

「相手の話を否定せずに聴くこと」は、相手自身をそのまま認めることと同じ意味を持つ行為です。だれかの話を、あなたがしっかりと聴いて受け止めてあげることができれば、その人を想像以上に助けることにつながるのですね。

相手が話す割合を「8」に、自分が話す割合を「2」にしてみる

研修で「聴き方のトレーニング」をすることがあります。

「あなたは人の話をきちんと聴いていると思いますか？」という私の問いかけに、「私は、人の話をちゃんと聴いているから、大丈夫です」と手を挙げた方がいらっしゃいました。

けれどその方を見ていても、「聴く技術」が身についているとは思えませんでした。なぜなら、「目を閉じて、腕を組んで、私の話を聴いていた」から。私には、「彼が寝ているように見えた」のです。

この方のように、本人は「人の話を聴いている」つもりでも、相手には「聴いてい

ない」ように見えてしまうことが、多々あります。

大事なのは、「自分がどう思うか」ではなくて、「相手（話し手）がどう思うか」です。話し手が、「この人は、私の話を聴いてくれている」と感じていなければ、聴いていることにはなりません。

人は、「自分としっかり向き合ってくれる人」が好きです。向き合ってくれる人に心を開きます。

また、「自分が聴いている」と思っていても、相手が話しはじめるやいなや、すぐに自分の話に持っていってしまう人がいます。

私の知人のOさんは、私が「話したいことがあるのですが……」と声をかけると、私の話をちょっと聴くやいなや、「あぁ、○○○のことでしょ。僕が思うにはね…」とひとりで話をはじめます。

私はたびたび、「話したいこと」が話せなかったことがあり、やがて、私の話をまったく聴いてくれないOさんとは、会話をするのが億劫《おっくう》になってしまいました。

私は、「『聴く』とは、愛の行為」だと思っています。なぜならば、「聴く」という行為には「忍耐」が必要で、自分に「余裕」がないとできないからです。

話し手は、「自分の話をただ聴いてくれる人」に信頼を寄せます。たとえ問題は解決しなくても、聴いてもらえるだけで、人の心はとても軽くなるからです。

会話をするときは、相手の話を止めたり、割り込んだり、話の腰を折らない心配りがとても大切です。

ひとつの目安として、**相手が話す（こちらが聴く）割合を「8」に、そして自分が話す割合を「2」にしてみると、相手の気持ちを開くことができます。**ですから「8：2」の割合を意識して、聴き役に徹するようにしましょう。

その先に、きっと信頼に満ちた「人間関係」が待っているはずです。

010

「そうですね」は魔法の言葉

新人CAだったとき、私の未熟な対応が、お客様を不愉快にさせてしまったことがありました。

あるお客様から「座席前ポケットが使いにくい」との、ご指摘をいただきました。搭乗中の機体は新型で、座席前ポケットは従来のようなゴムではなく、プラスチック製。ゴムのように収縮しませんし、ポケットには機内誌などが用意されていたため「少ししかものが入らないので、不便だ」とおっしゃるのです。

そこで「機内誌をお預かりすれば、お客様がお持ちの雑誌が入る」と考えた私は、次のようにお詫びをしました。

「もし機内誌をお読みにならないのでしたら、私がお預かりします。機内誌をお読みになるときは、すぐにお持ちしますので、こちらの呼び出しボタンを押していただけますか？　すぐに機内誌をお持ちします。飛行機の設備のことなので、いますぐ改善するのはむずかしいところではございますが、お客様のご意見として、必ず上の者に申し伝えます。大変、申し訳ありませんでした」

ところが私のこの対応に、お客様は眉をひそめ、そして、声を強めて、こうおっしゃいました。

「僕が『使いにくい』と言ったときに、どうして『そうですね』と言えないのですか？　あなたのお詫びは、私の気持ちに寄り添ってない。事務的ですよ。表面的に反省の言葉をならべられても、嬉しくありません！」

お客様からご指摘を受け、私はハッと気がつきました。

このお客様は、**「使いにくいポケットを改善してもらいたかった」わけではなく、**

「ただ自分に同意してほしい、自分の気持ちを理解してほしい」と思ってらっしゃったのです。その気持ちを受け止めずに、「ただお詫びをしただけ」の私に、お客様はがっかりなさったのでしょう。

人は、自分に「同意、共感、理解、賛同」をしてくれる他者を味方だと感じ、好意を抱きます。

私がひと言、「そうですね、本当に、使いにくいですね」と共感を示していたら、お客様の態度は変わっていたでしょう。当時の私には、「相手の立場になって聴く力（共感する力）」が、まだまだ、足りていませんでした。

「話を聴いてくれている」と思わせる4つのポイント

だれかと会話をしていて、

「あ、この人は私の話を聴いてくれている」

と感じる人と
「あ、この人に話してもムダだな」
と感じてしまう人がいます。

では、「話を聴いてくれている」と思わせる人は、どんな聴き方をしているのでしょうか？　相手の話を聴くとき、私はとくに次の「4つ」を心がけています。

①【相手の目を見る】

話し手と目が合ったら「4秒間」は目を合わせましょう。すぐに視線をそらすと、「話を聴いていない」と思わせてしまいます。「目が合わない」＝「自分に関心がない」と思わせてしまう恐れがあるのです。

研修中に、受講者全員に手を挙げていただき「私と目が合って、心が通じた感覚があったら、手を下ろしてもらう」ように試みると、たいていの人が「3〜4秒」で手を下ろします。このことからも、「あなたの話を聴いています」というサインを話し手に送るには、「4秒間、目を合わせること」が必要なのです。

目を合わせるのが苦手な人は「相手の鼻の頭を見る」のでもOKです。

②【相手に体を向ける】

首だけを向けるのではなく、「体の正面」をきちんと話し手に向けましょう。

オフィスでは、パソコンの画面を見たままで、「声だけで生返事をする人」もいますが、これでは「聴いている」とはいえません。

私が松田聖子さんに「もう一度会いたい」と思ったのは（3ページ）、狭い機内であっても「私のほうに体を向けて、目を合わせてくれた」からなのです。「大切にされた」と感じたからなのです。

③【メモを取る】

たすのです。

ＣＡは、「メモ魔」で、フライトの情報、先輩からの叱責、お客様のご要望など、いろいろなことを書き留めます。メモを取るのは、「内容を忘れない」ためであると同時に、「あなたの話をきちんと聴いています」という意思表示にもなります。つまり、「メモを取る」という行為は、相手に安心感を与え、相手の「承認欲求」を満たすのです。

私が講師として登壇し、お話をしているときも、受講者のなかにメモを取っている方がいると、とても嬉しく、「もっとがんばろう」という気持ちになります。

また、１対１での話し合いでメモを取るときは、必要に応じて「そのお話はすごく心に響いたので、忘れないようにメモを取らせていただいてもよろしいですか？」といったように、ひと言、断るとさらに丁寧です。

④【相手のプライベートに、むやみに踏み込まない】

ＣＡ十数人が、ある大学教授を囲んで「食事会」を開いたことがあります。食事中、教授は、集まったＣＡたちに、次々と質問をしていきました。

「結婚しているの？」「お子さんは？」

「年収は？」「歳はいくつ？」

彼の質問は、ＣＡの「プライベートの話」に終始していました。そして、ＣＡの答えを聞いては、茶々を入れます。

「早く結婚したほうがいいよ」「早く子どもをつくったほうがいいよ」

「目尻にシワがあるから、もっと歳が上かと思った」

その会に参加したＣＡのなかには、流産をした先輩がいました。結婚よりも、いまは仕事が優先だと思っている人もいます。私は、教授が続ける「自分の興味を満たすためだけの質問」に違和感を覚えました。

おそらく教授に、悪気はなかったと思います。けれど、「質問をされる側の気持ち」を、まったく考えていないように感じました。

相手がどこにコンプレックスを持っているのか、私たちはわからないので、不用意にプライベートに踏み込むと、その「地雷」を踏んでしまうことがあります。

実際、流産した彼女も、結婚より仕事を優先させた彼女も、心中、穏やかではなかったはずです。

自分の興味を満たす質問と、相手が答えたい質問は違います。自分の興味を満たすだけの質問はやめましょう。


人は、「自分の話したいことを聴いてくれる人」に信頼を寄せます。

ですから、**「自分の聴きたいこと」以上に、「相手が話したいこと」を引き出すためのコミュニケーションが大切です。**前述した「4つのポイント」を心がけて、「聴き上手」「質問上手」な人になれたら、きっと人生が変わりはじめると思います。

011

「3割多くほめる習慣」が、人生を変えていく

CA時代の先輩が、「訓練所」の教官をしていたときのことです。

日本人だけでなく、ヨーロッパ圏でもクルーを採用する運びとなり、先輩が教育訓練を担当しました。

彼女は教える立場です。けれど、ある出来事を通して、「訓練生から大切なことを教わった」と言います。それは「人をほめることの大切さ」です。

いざ訓練をはじめてみると、「日本人クルーを教育するよりも、はるかに大変だ」と彼女は感じたそうです。

なぜなら、徐々に訓練が進むなかで、日本とヨーロッパの「文化の違い」が露見し

てしまい、感情的な軋轢《あつれき》が出てきたからです。
そして、とうとう訓練生たちが反発。訓練生のひとりは、教官である彼女にこう問いただしました。

「どうして日本人は、『できていないこと』ばかりに目を向けるのですか？ 私たちには『できていること』だってたくさんあります。それなのに、**『できていること』をまったくほめようとせずに、『できていないこと』ばかり挙げつらね、注意し、叱ろうとする**のは、なぜですか？」

先輩は、それまで日本人を教育してきましたが、日本人クルーは「できないことを注意しても、反発しなかった」そうです。日本人は、ちょっとぐらい不快に思っても、不平不満を言うのをためらいがちです。

けれど、ヨーロッパの方たちは、思ったことを主張します。
先輩は訓練生から「厳しく叱責すると、相手の自尊心が傷つき、自信を失ってしまう」こと、一方で「良い点をほめて、『もう少しだから、がんばろう』と激励するほうが、相手のやる気を引き出す」ことに気づかされたのです。

◯「ほめること」で相手の能力が開かれ、「批判すること」でしぼんでしまう

私も、留学先のオーストラリアで「ほめることが、人を輝かす」という経験をしています。

在豪中、私は「幼稚園ボランティア」に携わっていました。毎朝、先生たちは園児一人ひとりと朝の挨拶を交わしていて、この挨拶がとても印象的でした。

「ハイ、プリンセス！　今日も輝いているじゃない！」「今日も素敵ね。もっとあなたの笑顔を見せて！」

すると子どもたちはとても嬉しそうに、満面の笑みを見せます。先生たちはみな、

ほめて、讃えて、認めながら子どもを伸ばしていました。

D・カーネギーは、『人を動かす』（創元社）のなかで「人を変える9原則」を挙げ、ほめることの重要性を説いています（原則①：まずほめる／原則⑥：わずかなことでも心からほめる）。

そして、**「批判によって人間の能力はしぼみ、励ましによって花開く」**とも述べています。

「ほめること」と「叱ること」は、クルマの両輪のようなもので、どちらも必要です。けれど日本人は、叱るほうが非常に多く、「相手をほめたり、ほめられたりすること」が少ないように思います。

最近、あなたはだれかをほめましたか？　最近、だれかからほめられましたか？

私が「最近、ほめられて嬉しかった」のは、あるテナントビルに常駐する、警備員さんからいただいた言葉でした。

研修先の、そのビルを訪れると、年配の警備員さんが、ほがらかな表情で言ってくれました。

「私は20年間、このビルに勤務しています。いままで、たくさんの笑顔を見てきましたが、そのなかでも、あなたの笑顔がいちばん素敵ですよ」

初めてお会いしたにもかかわらず、警備員さんが私のことを大げさにほめてくれたことで、警備員さんと私の心の距離が一気に近くなりました。研修の終了後に食べようと思って持参していたお菓子を警備員さんにプレゼントしてしまうほど、嬉しかったことを覚えています。

初対面にもかかわらず、人をほめることができるこの警備員さんを、私も見習いたいと思いました。

人はだれもが、「ほめられたい」「認められたい」と望んでいます。**相手の「良いと**

ころ」や「優れているところ」に目を向けて、素直な気持ちでほめてみましょう。相手の良さをほめることは、相手を幸せにすることなのです。

では、今日から、いままでよりも「3割多くほめる習慣」を身につけましょう。

私も「3割多くほめる習慣」で、劇的に、人生が変わったひとりです。あなたの人生が、ガラリと変わるのが、すぐに実感として、感じられることでしょう。

012

理解は偶然に起こり、誤解は必然に起こる

ＣＡの業務改善に前向きだった私は、毎年、行われる「上司との面談」の場で、「フライト後に提出するレポート」について、進言したことがあります。

機内でなにか「特別なこと」があった場合、ＣＡは、その日のうちにレポートを提出します。もしも特別なことが10件あれば、どんなに遅くにフライトが終わっても、10件分のレポートを提出しなければなりません。

レポートにまとめる作業は、ちゃんとしようと思えば思うほど、それなりに時間がかかるものです。

そこで私は、「今日はみな、フライトでくたくたですから、急を要する案件につい

ては、ただちにレポートを提出しますが、急を要しないと判断できるものは、後日でもかまわないのではありませんか？　そのほうが、より状況の伝わるレポートが、提出できるかと思います」とお伝えしました。

私のこの発言は、ＣＡの職場環境を変えるための、「私なりのやる気のあらわれ」であり、業務改善の提案だったのです。

ですがこの上司からは、「やるべきことをすぐにやらないのは、あなたに、やる気がない気持ちのあらわれだ」と言われてしまいました。

当時の私は、「業務改善につながると思って提案したのに、どうしてわかってもらえないのか」「やる気があるからこそ発言したのに、どうして『やる気がない』と思われたのか」、その理由がわかりませんでした。けれど、いまならわかります。

私が、「相手に伝わる話し方」をしていなかったからです。

その人の「考え方」は、その人の「経験」に左右されます。ところが、**自分と「す**

べて同じ経験を積んでいる他者」はいませんから、「人と人が、100%理解し合えることは不可能」だと結論づけることができます。

たとえば、「好きな花」を考えるとき、私とみなさんでは、違う花を思い浮かべるはずです。というのも、花にまつわる「経験」が、人それぞれ異なるから。

私の好き花は、「ツツジ」です。子どものころ、友だちと一緒にツツジの花の蜜を吸ったことがあって、それ以来、楽しい思い出とともに、私はツツジが大好きになりました。

私の過去の経験が、ツツジを思い浮かばせているのです。

丁寧に言葉を積み重ねていくことで、ミス・コミュニケーションを防ごう

ある方から「理解は偶然に起こり、誤解は必然に起こる」という言葉を教えていただきました。

「話し手の言いたいことが、聴き手に正しく伝わる」のは偶然にすぎず、むしろ「話

し手の言いたいことが、聞き手に正しく伝わらない」ことのほうが、多いのではないでしょうか。

「その人の経験」が違えば、理解のしかたも変わります。ＣＡ時代の私と、フライト経験のない上司のやりとりは、いまにして思えば、「誤解されるのが必然」だったわけです。

真実は、正しく伝わってこそ「真実」となり、伝わらなければ「誤解」になります。私のやる気が伝わらなかったように、「自分の考え」を正しく伝えることができなければ、「真逆の意味」として伝わってしまうことさえあります。

ですが、「１００％わかってもらうこと」はむずかしくても、「１００％に近づけること」はできるはずです。

私は「誤解は必然に起こる」という前提に立つようになってから、言葉を省略したり、短くしたりせず、たくさんの言葉を費やし、「できるだけ丁寧に伝える」ように心がけています。

「伝わらないのが当たり前」だからこそ、「伝わるように努力する」ようになったのです。その結果、「誤解されること」が、ずいぶん少なくなってきました。

人は、親しくなってくると、自然と、言葉を省略しがちです。

「だいたい、できています」
「朝一に、打ち合わせしましょう」
「今日中に、ご連絡します」

「だいたい」がどの程度を示すのか、「朝一」とは何時なのか、「今日中」は、いつまでを指すのか、受け取り方は人によって異なります。
ですので、曖昧な言葉を使わないで、

「90%、でき上がっています」
「明日の朝9時に、打ち合わせしましょう」

「今日の午後5時までに、ご連絡します」

と、主語や数字をきちんと伝えるようにしましょう。曖昧さがなくなるほどに、相手とのつながりも深くなると思います。

「ミス・コミュニケーション」が起こると、私たちは、つい相手のせいにしてしまいがちですが、「自分の伝え方が足りなかった」と思う気持ちこそが、コミュニケーションの達人への第一歩なのです。

「理解は偶然に起こり、誤解は必然に起こる」ことを前提に、相手の頭の中でイメージがふくらむように話しましょう。

そうやって、丁寧に丁寧に言葉を積み重ねていくことで、「相手に100%伝わる努力」を続けていくことが、良好なコミュニケーションを行ううえで、非常に大切なことなのです。

013

断定形は「小さな約束」。言葉が未来を引き寄せる

国内線のCAをしていた私は、1日に3～4便のフライトに搭乗し、日本中を行き来していました。多いときは、日に2000人以上のお客様とお会いします。

フライトのスケジュールは毎月変わるため、同じお客様のおもてなしをするのは稀なこと。それなのにフライト中、同じお客様と「4回」もお会いしたことがあります。

東京から福岡に向かう便で、非常口座席（CAと対面する座席）にお座りになっていたご婦人と、後日、東京から札幌に向かう機内でもお目にかかることに。

「前回もお乗りいただいて、ありがとうございます」と私がお礼を述べると、その方はやさしくほほえみながら、

「嬉しい再会です。また、お会いしましょうね」

とおっしゃってくださいました。

「また、お会いしたいですね」という願望でもなく、「お会いできるかもしれませんね」という推測でもありません。「お会いしましょうね」という断定的な言い方が、とても印象に残りました。私はこのとき、本当に「もう一度、このお客様と会えるかもしれない」と思えたのです。

私は、お客様の小さな言い切りのなかに、「あなたとお会いしたい」という意思を感じました。その気持ちが、とても嬉しかったのです。

すると不思議なことに、3度目は東京から大阪に向かう便で、4度目は福岡から東京に向かう便で、その方とお会いする「奇跡」が訪れたのです（毎回、非常口座席に座られていました）。

3度目のとき、お客様は「約束がかないましたね」と喜んでくださいました。お客様は、私のフライトスケジュールを知るよしもありませんから、奇跡的な偶然が、何度も重なったことになります。

言葉が、人に夢を与えることがあります。私は、お客様の確信を込めた「断定的な表現」が、未来を引き寄せたような気がします。

私とお客様がフライトをともにする（それも4回も！）確率がどれほどのものかはわかりませんが、そのわずかな確率を「言葉の力」で引き寄せたのです。

あなたは、「言葉の力」で、未来を引き寄せていますか？

「断言すること」で自信がわき、相手も自分も前向きになれる

私がCAになれたのも「言葉の力」が働いたからだと思います。

私はCAの試験に7回も落ちましたが、当時の私は「絶対にCAになれる」という根拠のない自信を持っていました。物心ついたときから、「それ以外の道はない」と信じていて、私はいつも「私は絶対にCAになります」と、友達、先生、家族に断言していました。「なりたい」でも「なれたらいいいな」でもなく、「なります」と。

また、私の友人は、お付き合いしている人がいたわけでもないのに「1年以内に結婚する」と断言し、言葉のとおりに結婚しました。

『新約聖書（ヨハネの福音書）』には、「はじめに言葉ありき、言葉は神とともにあり、言葉は神なりき」と書かれてあるそうです。私はクリスチャンではありませんが、「言葉は神であり、言葉には魂が宿っている」と信じています。

そして実際に「言葉」によってＣＡになるという夢をかなえることができました。この本の出版も「言葉」によって夢がかなったことのひとつです。

断定形は、実は「小さな約束」なのです。その一つひとつの言葉の積み重ね（小さな約束の積み重ね）が、人生を分けるのだと思います。

断定形で言い切るのは、「言葉に意思を持たせる」ことであり、「自分の発言に対して責任を持つこと」です。だからこそ、相手に信用を与えます。

たとえ可能性が小さくても、自信がなくても、「断言」してみましょう。断言することで自信がわき、相手も自分も前向きになれるのです。

014

不安なときの「救いの言葉」が勇気を与える

現役CAのMさんのもとに、ある日、「小包」が届きました。差出人は、Mさんの後輩、Aさん。

Aさんは CAをやめることになり、小包には手紙とプレゼントが。手紙には退職の挨拶と、Mさんにあてた感謝が綴られていました。小包を受け取ったとき、Mさんは少しだけ「あれ？　どうして？」と疑問に思ったそうです。

「たしかにAさんのことは知っている。けれど、たまに顔を合わせるくらいで、親しいお付き合いをしていたわけではない。同じ便に搭乗したのも、数えるくらい。退職するからといって、お礼と、それにプレゼントまでいただく間柄ではなかったのに…」

それでもAさんにとって、Mさんは「恩人」だったのです。

Aさんがまだ新人だったころ、お客様の膝の上にコーヒーをこぼしてしまったことがあります。

謝罪をし、お客様も怒りをおさめてくださったのですが、うろたえてしまったAさんは、動揺が収まらず、その後も「小さなミス」を繰り返すことに……。

このとき、当便のチーフパーサーをしていたのがMさんです。Mさんは「Aさんの様子がおかしい」ことを知ると、彼女にそっと声をかけました。

「あなたとは、いままでも、何度か同じフライトになったことがあるよね。あなたの仕事ぶりを何度か見てきて、あなたが『いい加減な仕事をする人』ではないことを、私は知っています。今日はたまたまミスをしてしまったけれど、私はあなたのことを信頼している。だから、自信を持って。**あなたが、手を抜かずにきちんと仕事をする人だと、私はわかっていますよ**」

手紙の最後には、「Mさんは『あなたのことを信頼している』と、そう言ってくださいました。そのひと言を、いまもはっきりと覚えています。私にとって、心あたたまる『救いの言葉でした』」と書かれてあったそうです。

「あなたを信じています」という「救いの言葉」が、人に勇気を与える

私の後輩、Sさんも、上司の「救いの言葉」で自信を取り戻したひとりです。

Sさんが、ビジネスクラスのアテンドをしたときのことです。

あるお客様が、Sさんに向かって、「もう、あなたにはサービスしてほしくないから、別の人に代わってほしい」と不満を口にしました（Sさんはまだ、ビジネスクラスのサービスに慣れていなかったため、ほかのCAに比べると、行き届かなかった面があったようです）。

Sさんが、ビジネスクラスのパーサー（リーダー）であるTさんに事情を説明。す

るとTさんは、Sさんの心を救う、力強い言葉をかけてくれたそうです。

「私は、Sさんがお客様に対して、いつもどんなサービスをしているか知っている。一生懸命にがんばる子だということも知っている。このあともお客様のお気持ちが晴れないようなら、私が代わる。私が責任を持つ。でもね、あなたなら大丈夫だから。その力があるから。だから私は、あなたに任せます。最後までやってみなさい」

Sさんは、Tさんが「最後までやらせてくれた」＝「自分を信用してくれた」ことに安心感を覚え、「Tさんに担当を回さなくてもすむよう、がんばろう」という前向きな気持ちを持てたといいます。

人間は、誤解されることに不安を、理解されることに安心を覚えます。

だからこそ、**責任を問うよりも先に「あなたのことを理解している」ことを伝え、相手の心の負担を軽くすることが大事なのです。**

多くを語らなくても、「あなたを信じています」という「救いの言葉」が、人に勇気を与えることができるのです。そのことを、ぜひ覚えておいてくださいね。

015

「意外な人」からの言葉は、ときに、一生心に残る

あなたは、人からかけてもらった言葉で、「嬉し涙」を流したことがありますか？
後輩の現役ＣＡ、Ｆさんは、コンビニを出たとたん、「号泣」してしまった経験があります。

２泊３日の勤務から帰宅するとき、「コンビニに寄ろう」と思った彼女。すでに夜も更けているし、料理をつくる元気もない。そこでお弁当を買って帰ることにしました。

レジでお金を払うと、年配の男性店員は、「ありがとうございます」とお礼を述べ、そのあとで、あたたかい笑顔とともに、Ｆさんの琴線を揺らすひと言を口にしました。

「今日もお仕事、お疲れさまです」

店員さんのこの「プラスアルファのひと言」が、彼女の心に、やさしさを届けました。Fさんは、その日のフライトで失敗をし、また、長時間のフライトで疲れきっていました。その疲れた心を「今日もお仕事、お疲れさまです」の言葉と笑顔が、癒してくれたのです。

店員さんの言葉を聞いたとき、Fさんの張りつめていたものが解かれ、コンビニからの帰り道、自然と涙がこぼれたそうです。

2人の間にさしたる面識はありませんでした。でも、だからこそ、Fさんは感動を覚えたのではないでしょうか。

コンビニの店員さんが「ありがとうございます。またお越しくださいませ」と言うことはあっても、「今日もお仕事、お疲れさまです」と言うとは思ってもいなかった。「今日もお仕事、お疲れさまです」は、取り立てて気の利いたセリフではありませんが、それでも**「意外な人」からいただいた優しさだったからこそ、彼女は泣くほどに嬉しかったそうです。**

店員さんのやさしさに触れ、彼女もまた、あたたかい気持ちになれたのです。

泣きたいほど嬉しかった、横内祐一郎会長のひと言

「もう一度会いたい人はだれですか？」と問われたら、私は、迷わず即答します。

「フジゲン株式会社の横内祐一郎会長です！」

フジゲンは、世界一のギター工場をつくった会社です。横内祐一郎会長は、農業から一転してギター製造をはじめ、自社のギター工場を世界一にした方。

自社製品を売り込もうと単身アメリカへ渡り、言葉の壁や人種の壁を乗り越えて、世界一のギター工場になるまでに発展させました。

私は、横内会長の講演会に参加したことがあります。講演終了後にはサイン会があり、私も列に並びました。いよいよ私の番がきて「横内会長、本日のお話、とても感動しました！」とお伝えすると、横内会長はしばらく私を見つめたあと、

「キミは、とてもいい目をしているね」
と声をかけてくださったのです。私はこの言葉をかけていただき、泣きたいほど嬉しくなりました。まさか横内会長にほめていただけるとは、思ってもいなかったのです。

そのときの私は、マナー講師になったばかりで仕事もあまりなく、不安のなかにいました。でも、横内会長のひと言によって、「心のつっかえ」がとれた気がしたのです。たった一瞬の、たったひと言ですが、私にとっては「一生残る言葉」となりました。「キミはいい目をしているね」のひと言が、私の心に沁み入ったのです。それ以来、私は横内会長の大ファンになりました。

相手を認め、相手を気づかうひと言は、人の心にやさしく響きます。とくに「意外な人」からいただく言葉ほど、響きやすいのだと思います。

相手が「自信を持てるようになるひと言」をプレゼントすると、ときに、一生その人の心に残る言葉として、相手の心に沁み入ります。人は、常に、思ってもみない人からの、やさしい言葉を、待っている生き物なんですね。

016

たった一言でも「ポジティブな言葉」は大きな力となる

私は、2010年に「TSUTAYAビジネスカレッジ」の講師オーディションに参加しました。とはいえ、自分に自信があったわけではありません。むしろ、その逆です。自信がなかったからこそ、勇気をふりしぼって参加することに決めました。

オーディションには、全国からさまざまな講師がエントリーします。その方々と自分を比べれば、「自分に足りないもの」を客観的に見直すことができるはずです。また、オーディションには事前講座が設けられており、「講師の心得」を学べる、またとない機会でもありました。

予選会の結果、本選への出場を認められたものの、「自分にできるだろうか」という不安はいっこうに消えません。それどころか緊張は増すばかりです。そんな私を見て、まわりの人たちは揃ってこう言いました。

「松澤さん、ものすごく緊張しているでしょ〜」

そう言われ、私はますます緊張しました。「どうして、だれも『大丈夫だよ』と励ましてくれないのだろう…」。そう思ったとき、ある方からの言葉が、私に勇気をくれました。

「松澤さんは本番に強いから、大丈夫！」

私はこの言葉をいただいてから、不安も、緊張感も、プレッシャーもなくなり、本番では気持ちよく登壇することができました。結果はなんと3位入賞。この結果は、私にとって大きな自信となりました。

言葉には、「相手をポジティブに導く力」もあれば、「相手をネガティブに導く力」もあります。

「緊張しているでしょ〜」と言われた私は、ネガティブに導く力に引っ張られて、どんどん気持ちがふさいでいってしまう。

一方で、「本番に強い」と言われたときは、ポジティブに導く力が働き、背中を押されたような安心を覚えました。その方は、私が「励ましてもらいたい」と思っていることを感じ取り、まさに「私が求めていたひと言」をかけてくださったのです。

相手が「言われたら嬉しい言葉」を察知して、言ってあげよう

ＣＡは、ビジネスパーソンに「出張ですか？　大変ですね」とお声がけすることがあります。ところが、ある先輩ＣＡは違いました。「出張ですか？　ご活躍ですね！」とお声がけしていたのです。「大変ですね」とは、言いませんでした。

「大変ですね」と言われたお客様は、「そうだよな、大変なんだよな」とネガティブ

な気持ちになってしまうかもしれません。

でも、「ご活躍ですね！」と言われたならば、きっと、気分がいいし、気持ちが高揚してポジティブになれるでしょう。そんな心の機微をふまえ、先輩ＣＡは「ご活躍ですね！」と言っていたのです。

ある調査によると、「部下が上司に求めること」の第1位は「上司から話しかけてもらうこと」だそうです。

上司のなかには「コミュニケーションは部下からとるべきだ」と考えている方もいらっしゃいますが、それは単なる思い込みで、真逆です。

「今日もがんばっているな」「残業、偉いなぁ」という「ポジティブな言葉」（相手が言ってほしいと思っている言葉）を上司からかけて、部下を包み込んであげることで、部下は前向きに、やる気になれるはずです。

相手が「言われたら嬉しい言葉」を察知して、言ってあげる。そのやさしさが、あたたかな人間関係を築くのです。

仕事においても、対人関係においても、人はときに「大きな不安」のなかに身を投じることがあります。

だからこそ、**たったひと言でもいいので、「大丈夫!」といった「背中を押してくれるポジティブな言葉」をかけてあげることが、とても大切なのですね。**

第3章 *Why are you successful in human relations?*

【気づかい】
好かれる人がいつもやっている気づかいの習慣

017

「笑顔」は、言葉を超えた最高のコミュニケーションツール

私はオーストラリアに、1年間、留学したことがあります。留学した当初、私はほとんど英語が話せなかったのですが、それでもたくさんの友だちに囲まれていました。

そのときの私は、「私の英語は最低なのだから、せめて笑顔だけは最高にしよう」と思い、たとえ会話が理解できなくても、常に「笑顔でいること」を心がけていました。

すると、会話が成立していないにもかかわらず、笑顔のおかげで、たくさんの友だちにも恵まれるようになったのです。


あるとき、バスを降りるときに「Thank you!」と言ってニッコリと笑ったら、バス

の運転手さんが、「Thank you for your smile!（笑顔をありがとう！）」と返してくれたことがあります。笑顔で挨拶しただけで、運転手さんからお礼を言われたのです。

私はこのとき**「心からの笑顔は、相手を喜ばせる」「心からの笑顔は、贈りものになる」「心からの笑顔は、感謝される」ことに気がつきました。**

「笑顔」は、言葉の代わりになる。それどころか、笑顔は、「言葉を超えた最高のコミュニケーションツール」になるのです。

オーストラリアの友だちも、はじめは「英語を話せない私」に戸惑ったかもしれません。でも、私が笑顔でい続けたことで、「この日本人は、私の味方だわ」とわかってもらえたのです。「笑顔は、最高で、最大の武器になる」のです。

私が通った高校の校歌には、『史記《しき》』（中国の通史《つうし》）から引用した一節が使われています。

「桃李《とうり》もの言わざれども下自《したおのずか》ら蹊《みち》を成《な》す」

「桃や李（すもも）は何も言わないが、美しい花に惹かれて人が集まり、その下には自然に道ができる」という意味です。「あなたも、そんな人を惹きつける人になりなさい」校歌には、そんな思いが込められていました。

人の笑顔は、「美しい花」と同じです。その笑顔の下に、人は引き寄せられます。「もっとも早く信頼関係を築く方法」とは、「笑顔を見せること」なのですね。

「笑顔」が、相手も自分も、楽しい気持ちにさせてくれる

やっとの思いでＣＡの採用試験に合格した日、パイロットをしていた父は、後にも先にもひとつだけ、私にアドバイスをくれました。

「なにがあっても、笑顔でいなさい」

ほどなくＣＡになった私は、父からもらった「言葉の重み」を実感することに…。

「午前3時に起きるのは、しんどい」「長時間におよぶフライトは、体力的にきつい」けれど、それでも笑顔を見せなければ、クルーやお客様とのコミュニケーションはとれません。たとえ体調が悪くても、たとえ落ち込んでいても、制服を着れば、私たちCAはプロにならなくてはなりません。

笑顔を見せる気にならないときでも、お客様やクルーのことを思って、自分から笑うようにする。すると本当に、自然と楽しい気持ちになってくるのです。

1度や2度、笑顔を見せたところで、相手の印象には残りません。まわりの人から**「あの人は、いつも笑顔だよね」「あの人は、笑顔が素敵な人だよね」と印象づけるには、いつ、どこで、だれといるときでも「笑顔」を見せることが大切**です。でもその笑顔が、相手も自分も、楽しい気持ちにさせてくれるのです。

CA時代の同僚数人に「印象に残っているCAって、どんな人だった？」と聞いてみたことがあります（当時、私が勤務していた航空会社には約5000人のCAがいました）。

すると、彼女たちが名前を挙げたＣＡには、共通点がありました。それは**「顔をくしゃくしゃにして、子どもみたいに笑う」**という点でした。どうして、それが印象に残るのでしょう？

ときに「つくり笑い」は、事務的に見えることがあります。けれど、童心を持って心から笑う人は、まわりの人の心にいつまでも、刻まれます。

「笑顔」と「相手を思う心」が合わさって、「魅力的な表情」ができるのですね。

ときどき研修で、「笑うのがむずかしい」「自然な笑顔がつくれない」と相談を受けることがあります。

「笑顔がつくれない」理由のひとつは、「自分を出すのが恥ずかしい」「自分の笑顔に自信がない」という気持ちがあるからかもしれません。

「笑えない人」は、「自分は日本人だから、日本語しか話せない」と思い込んでいるのと同じだと私は思います。ようするに、自分の可能性に蓋をしているのです。

日本に生まれても、英語を学ぶことはできますし、英語が身につけば、自分の視野も、考え方も、経験も広がるでしょう。

「魅力的な笑顔の人」として、私が1番に思い出すのは、「我究館《がきゅうかん》」の創業者である故・杉村太郎さんです。私は、我究館の「能力開発コース」の生徒だったのですが、太郎さんにお会いする前は、ハーバード大学ケネディ行政大学院をトップクラスの成績で卒業し、我究館のCEOを務めているなんて、とても厳しい方なのかもしれないと、イメージしていました。

しかし、**実際の太郎さんは、厳しさのなかにもあたたかさがあふれ出て、時折、顔をくしゃくしゃにして、子どもみたいに笑って、たくさんの生徒を包み込む方でした。**だからこそ、太郎さんのご葬儀には、大勢の生徒が駆けつけたのだと思います。

杉村太郎さんのご著書『アツイ コトバ』のなかに「10分あれば、人間は変わることができる」とあります。「笑うことができない」と思う前に、鏡の前で10分でもいいから、笑顔の練習をしてみましょう。きっとあなたの笑顔に、まわりの人は癒されるはずです。私たちは、だれもが「自分を変える力」を持っているのですから。

018

「人は見かけによるもの」あなたは外見で判断されている

ＣＡ時代の友人４人で、韓国を代表する名門ホテル、「新羅《しんら》ホテル」に宿泊したことがあります。とても素敵なホテルで、とくに、スタッフの「立ち居振る舞い」が印象的でした。優雅で、清潔感があって、凛《りん》としています。

スタッフのひとりに声をかけ、「身だしなみに関して、ホテルとしてなにか決まり事はあるのですか？」とうかがってみると、「あります。お客様を不快にさせないよう、すべてにおいて、細かく決められています」とのことでした。

身だしなみは、「お客様のため」にある。スタッフ全員がそのことを理解し、忠実に守っているからこそ、ホテル全体がさわやかな雰囲気に包まれているのでしょう。

きちんとした身だしなみが、まわりの人に安心感を与えていました。

服装や持ち物は「その人の、人となり」を映し出すことがあります。わかりやすい例ですと、たとえばスーツを着た男性が、チャイルドシートのついた自転車に乗っていたら、「このビジネスマンは、子どもの面倒見がいい」と想像できるわけです。

また、汚れた靴を履いている人を見ると「だらしない人かもしれない。雑な仕事をする人かもしれない」と考え、靴がキレイに磨かれている人を見ると、「丁寧な仕事をする人かもしれない。靴をピカピカにしておけるくらい、精神的な余裕があるのかもしれない」と連想します。

このように私たちは、**「その人の服装や持ち物」と「その人の人となり」を結びつけて判断することが、多々あります。**

○ ダイヤモンドも、新聞紙に包まれていれば、ゴミと間違えられてしまう

たとえば、新入社員が、「就職のお祝いでもらった、高級ブランドのカバン」を使っていたとしましょう。

別段、本人には見栄を張るつもりはなくても、上司や先輩からは「仕事もできないのに、生意気だ」と思われてしまうかもしれません。


私がお伝えしたいのは「ブランド品を持つな」ということではありません。

靴でも、カバンでも、ベルトでも、スーツでも、名刺入れでも、時計でも、ブランド品であってもそうでなくても、「自分がそれを持つことによって、相手はどのような感情を持つのか」「相手に違和感を感じさせるかどうかを察する力を持ってほしい」ということです。

つまり、その場に合ったもの、その相手に合ったものを身につけることが大切だということです。


そして、ティファニーのダイヤモンドは、「ティファニーの箱」に入っているからこそ、価値が増します。つまり、なにに包まれるかで、そのものの価値が変わるのです。

どれほど美しいダイヤモンドでも、新聞紙に包んであったなら、ゴミと間違って捨てられてしまったり、「偽物だ」と疑われてしまうかもしれません。

それと一緒で、**どんなにすばらしい「内面」を持っていても、「身だしなみ」で相手に違和感を与えてしまうと、自分が損をしてしまうことになりかねない**のです。

「人は見かけによらぬもの」は、たしかに正しいと私も思います。人は、外見とは違った、「意外な一面」を持ち合わせているものです。

でも、だからといって、「見かけをおろそかにしてもいい」わけではありません。

とくに第一印象は、「人は見かけによるもの」です。相手を思う心（内面）も、身だしなみ（外見）も、どちらも大切なものなのです。

「相手はどう思うかを考えた身だしなみ」を習慣にしている人は、とても素敵です。服装を決めるときは「自分がなにを着たいか」を基準にするのではなくて、「相手にどういう印象を与えたいか」で決めましょう。

その気づかいが、何倍も、相手にさわやかな好印象を与えてくれることでしょう。

019

「ニオイ対策」で職場の女性を味方につける

あるセミナーを聴講したとき、私の隣に座った男性から、「香水の強いニオイ」がしました。

ほのかに感じる香りであれば、好感がもたれると思います。けれど、この男性のニオイは、ちょっと強すぎました。

私は「香水アレルギー」ではありませんが、それでもこのニオイを嗅いでいるうちに、少し、気分が悪くなってしまいました。

香水の香りが強すぎると、相手の気分を害することがあります。おそらくこの男性は、「香水のニオイが嫌いな人もいる」ということに、気がついていなかったのかもしれません。「自分が心地よい」＝「相手も心地よい」とはかぎらないものです。

異業種交流セミナーで知り合ったIさん（男性）は、生命保険の営業に携わっています。トップセールスマンとして、たくさんの顧客を抱えるIさん。

私はIさんに、「人と接するときに、心がけていること」について、うかがったことがあります。

「常に笑顔でいる」「売り込まない」「どの年代でも理解できる言葉を使う」など、セールスのコツをいくつか教えていただきましたが、とりわけ印象に残ったのは、「消臭対策をしている」という点でした。

「とくに女性はニオイに敏感。体臭や口臭をできるだけ抑えるように気をつけている」というのです。

具体的に、Iさんがどのような対策をしているのかというと…。

・口臭の原因になるので、お客様とお会いする前は、コーヒーを飲まない。カフェなどでお客様とお会いするときは、「紅茶」を頼むようにする（コーヒーの成分が口のなかに沈着して、独特のコーヒー臭になるそうです）

・訪問先でコーヒーを出された場合は飲み、次のお客様に会う前に、ニオイ消しのために駅のトイレなどで歯磨きをする

・タバコは吸わない

・歯ブラシと歯磨き粉をカバンのなかに入れておき、食後と打ち合わせ前に、毎回歯を磨く

・「携帯用の除菌・消臭スプレー」や「制汗スプレー」、「汗ふきペーパー」を常備して、ニオイを抑える

・汗をかきやすい夏場は、「着替え用のシャツ」と「替えの靴下」を用意しておく

・入浴時は、デオドラント効果のある薬用ボディソープで体を洗う

私がIさんに「そうしたニオイ対策をする前に、人からニオイを指摘されたことが

あったのですか?」と質問すると、「いいえ。どちらかというと、私は体臭は少ないほうだと思います」との返事。

それでもIさんは、**「ニオイは、目に見えなくても相手を不快にさせる要素がとても強い」**と考え、人一倍、「消臭対策」に気を配っているそうなのです。

消臭対策は、「やりすぎかな」と思うくらいでちょうどいい

少し前の資料になりますが、1999年に経済産業省が「抗菌加工製品ガイドライン」をつくるためのアンケート調査を行いました(※1)。

その結果、「自分のニオイを常に気にしている」と答えた方は全体の42%にのぼったそうです。

この数字は、「太りすぎないよう食事には気を使う」と答えた人(38%)よりも多い結果です。

「42％」という数字を、みなさんはどう解釈しますか？
この数字を「多い」と思いますか？　それとも「少ない」と思いますか？

私は、「少ない」と思います。
女性に比べると、男性はまだまだ「消臭対策」に消極的です。

実際、「男性は、自分の体臭は少ないと思い込んでいる傾向があり、花王（大手化学メーカー）の社内モニター調査では、実際にはかなり強めの体臭を持つ男性でも、自分はニオイがあまりないと過小評価しているケースがあった」そうです（日経トレンディネット参照：２００８年９月）。

消臭対策に、「やりすぎ」はありません。むしろ「やりすぎかな」と思うくらいでちょうどいいのです。
口臭や体臭は、自分では気がつきにくいし、周囲の人も、気を使って教えてくれないことがほとんどです。だとしたら、自分が臭くても臭くなくても、ニオイ対策をしておいたほうがいいと思います。

せっかくあなた自身がすばらしいのに、「ニオイで人が遠ざかる」ようなことがあったら、本当にもったいないと、思いませんか。

020

「ありがとう」は日本人の好きな言葉の第1位

フライト中にミスをしてしまったCAのYさん。目的地に到着し、笑顔でお客様をお見送りしていましたが、心中はおだやかではありません。Yさんの心のなかには、浮かない気持ちが残っていました。相当、落ち込んでいました。

そんなとき、飛行機を降りる小さな女の子が、折り紙をくれたそうです。

ネコの折り紙。しかも、折り紙には、かわいい文字で「ありがとう」と書かれてありました。

「失敗をして、お客様にご迷惑をおかけしたかもしれないのに、私でもお役に立てるんだ！」Yさんは、女の子の「ありがとう」から元気をもらい、「泣きたいほど嬉しかった。『ありがとう』で心のつかえがとれた」といいます。

サービス業にたずさわる方々に、「仕事をしていて、いちばん嬉しい瞬間はなんですか？　楽しい瞬間はなんですか？」とアンケートを行ったことがあります。

すると、**ほぼ全員が「お客様から『ありがとう』と言われた瞬間」と答えました**。

私がＣＡをしていたとき、友人から「仕事とはいえ、いろいろなところに行けていいね」と言われたことがあります。

たしかに、日本中を飛び回り、ショッピングを楽しむこともあります。地方の文化に触れることで、人間的にも成長できるでしょう。どれもＣＡという仕事の魅力です。けれど、どれほどたくさんの名所を巡ることよりも、たったひと言、お客様から「ありがとう」のお言葉をかけていただいたときのほうが嬉しいと、私は思います。

住友生命が、３０９５人を対象に「あなたを笑顔にしてくれる言葉はなんですか？」というアンケートを実施しました（２０１０年）。

第1位は、「ありがとう」（48・4％）。以下「大好き」（9％）、「愛している」（2・5％）、「がんばっている」（2・3％）、「かわいい」（1・8％）と続きます。数字を見ると、「ありがとう」は、2位以下に大きな差をつけていることがわかります。

また、NHK放送文化研究所の調査によると「日本人の好きな言葉」の第1位も「ありがとう」（67％）でした（『日本人の好きなもの―データで読む嗜好と価値観』／NHK出版）。私自身、お客様の「ありがとう」に、何度、力をいただいたことか…。「ありがとう」には、私たちが想像する以上の効力があるようです。

「これぐらいは、してくれて当たり前」と思うと、人が遠ざかっていく

私は、「人間の縁は、努力によって育まれていく」と信じています。たしかに、出会いは偶然かもしれませんが、その偶然を良縁として育んでいくのか、それとも遠ざけてしまうのかは、その人の「小さな努力」の積み重ねによって決まります。

「小さな努力」のひとつが、たくさんの「ありがとう」を言うことです。「してもらって当たり前」と思うと、感謝の気持ちをなくしてしまいます。

『もうひとつの幸せ論』（ダイヤモンド社）の著者、故・小林正観さんは、「ありがとう」の反対語は、「当たり前」だとおっしゃっていました。

「これぐらいは、してくれて当たり前」と思い違いをして、「ありがとう」を言わなくなったとたん、人の縁は切れてしまうものです。

「ありがとう」と言われた瞬間こそが、「自分は、だれかの役に立てている」と確信できる瞬間です。

人は、自分を客観視できません。けれど「ありがとう」の言葉をいただいたとき、自分の存在価値を見出すことができる。それが嬉しいから、「笑顔になれる」のです。

「ありがとう」が人間関係を育んでくれるものですし、「ありがとう」がなければ、人間関係は切れてしまいます。そのことを忘れず、小さなことにも「ありがとう」を言えるようになりたいですね。

021

「謝罪は2回、お礼は4回」で相手の心に確実に残る

ある日、沖縄料理店でランチをしたとき、私は「フーチャンプルー（麩《ふ》と肉野菜炒め）」をオーダーしました。

ですが、運ばれて来たのは、私の苦手な「ゴーヤチャンプルー（ゴーヤと肉野菜炒め）」。

ホールスタッフの女性に、「ごめんさい、私が頼んだのは、フーチャンプルーですけど…」と言うと、彼女は「すみません」と謝ってくれました。

つくり直しをしてもらうのも、せっかくのご飯がもったいないので、「いえいえ、これで、大丈夫ですよ」と言って、そのままゴーヤチャンプルーを食べました。

食事を終え、お会計をすませようとすると、レジの前に立ったのは、注文を間違えたスタッフでした。

すると彼女は、「注文の間違い」のことなど、なかったかのように平然と振るまい、私からお金を受け取ると、すぐさま奥の厨房に入って行きました。

私はそのとき「もしかしたら、彼女は、自分のミスを、ささいなことだし、それに、一度謝ったのだから、もうすんだことだと思っているのかな」と思いました。

けれど、お会計をする私に「さきほどはきちんと確認せずに、申し訳ありませんでした。ゴーヤチャンプルーで大丈夫だったでしょうか？」と「もう一度」声をかけてくれたなら、彼女の誠意が伝わってくるし、私は「このお店にもう一度来よう」と思ったことでしょう。誠実な謝罪は、人に好意を抱かせるからです。

1回目の「ごめんなさい」はだれにでも言えます。でも、場合によっては、「マニュアル通り」と受け止められてしまう可能性もあります。

でも、2回目の「ごめんなさい」は「心から思っていないとなかなか出てこない」ものです。私は彼女の態度に「もしかしたら、この女性の本心には、謝罪の気持ちはないのかもしれない」と、残念ながら感じてしまいました。

もしくは、謝ることが、「自分が悪い」と認めるようで、嫌だったのかもしれません。

ANAのCAは、「お客様には、『2回以上』謝る」ことを常としています（私はこれを「ツータッチ・コミュニケーション」と呼んでいます）。

たとえば、お客様が探している○○新聞が見つからなければ、フライト中に、一度「申し訳ございません」と謝り、着陸前に「お客様、本日はご希望に添えず申し訳ございません」と、最後にもう一度お詫びするのが基本です。

お詫びの気持ちは、1回ではなかなか伝わりにくいものです。「2回目で伝わる気持ち」もありますから、「2回謝る習慣」を身につけるといいですね。

それに、「本当に申し訳ないことをしてしまった。謝りたい」という思いがあれば、一度の謝罪で終わらせることはせず、自然と、「2回、3回と謝りたいと思う」のではないでしょうか。

「4回のお礼」で、圧倒的に相手の印象に残る

では次に、私が心がけている「お礼のしかた」を、ご紹介しましょう。

たとえば、あなたがパーティーに招かれたならば、主催者にお礼を述べるタイミングは、次の4回です。

【4回のお礼のしかた】

・【1回目】パーティーの前日……（メールや電話などで）「明日はお招きありがとうございます。明日の○時に、××にうかがいます。明日のパーティー楽しみにしています」

・【2回目】パーティーの当日……「本日はお招きいただきありがとうございます」

・【3回目】パーティーの翌日……（メールや電話などで）「昨日はお招きいただき、ありがとうございました」（手紙でお礼を伝えるときは、3日以内に届くように）

・【4回目】再会時…………………「先日は素敵なパーティーにお招きいただき、ありがとうございました」

この4回のお礼は、私がパーティーを主催したときに、「この人のお礼は心に残るな」と感じた「お礼のしかた」でした。

4回お礼を言える人は、なかなかいません。当日のお礼はできても、その前後のお礼に気を配れる人は少ないでしょう。

でも、気を配れる人が少ないということは、「それをすることで、圧倒的に相手の印象に残りやすい」ということです。

「伝える」と「伝わる」は違います。

謝罪にせよお礼にせよ、「伝わってこそ意味をなす」ものです。本人は、「言ったつもり」になっていても、相手に伝わっているとはかぎりません。

「謝罪は2回して、お礼は4回する」

など、「自分の気持ちが相手の感情に届くような伝え方」を工夫している人は、確実に相手の心に残ります。

どうしたら相手の印象に残るのか、どうしたら自分の気持ちが伝わるのか、そのことを常に意識する。お礼も謝罪も、「伝わらなければ、しなかったのと同じ」であると覚えておいてくださいね。

022

「自分の名前」は、もっとも気持ちの良い音

「日本人は、『ありがとう』という言葉が好き」と前述しましたが、私たちには、「ありがとうと並ぶくらい（あるいはそれ以上に）好きな言葉」があると思います。なんだと思いますか？

それは、「自分の名前」です。

人間関係は「名前を覚えて呼び合うところ」から、本当の意味でスタートします。

そのことを意識して、私の研修では、必ず「ネームタグ（名札）」を用意いたしま

す。なぜなら、お互いの名前を呼び合うことで、コミュニケーションがとりやすくなり、場の雰囲気があたたまるからです（参加者が顔見知りの場合は、ニックネームで呼び合っていただくこともあります）。

私も、参加者のみなさんとお話をするときは、「○○さん、いまの意見はとてもいいですね」と、できるかぎり名前で呼ぶように心がけています。**人間は、「親しみ込めて名前を呼んでくれる人」に仲間意識を持つものです。**

ビジネスシーンでは、一度に4～5人のお客様と名刺交換をすることがあります。そんなときでも、しっかりと、相手を名前で呼ぶことができれば、信頼感を与えることができるはずです。

メールを送るときも同様です。私は、「宛名」のほかに、「文章のなか」にも、すくなくとも1回は相手の名前を入れるようにしています。名前が書かれてあると「自分のことをきちんと意識してくれている」という姿勢が、伝わりやすくなります（宛名は名字だけでなく、「フルネーム」で書くと丁寧です）。

◯「名前を呼ぶこと」で、相手を大切に思う気持ちが伝わる

「名前」は、その人にとって「もっとも気持ちの良い音（もっとも聞き取りやすい音）」だといわれています。

カクテルパーティーのように、たくさんの人が雑談をしているなかでも、「自分の名前だけは、自然と聞き取ること」ができます。

人は、関心の薄い音は雑音として処理しますが、「好きな音」にかぎっては、聞こえやすくする能力が備わっています。このような「聴覚の力」を、心理学では「カクテルパーティー効果」と呼びます。

目白大学教授で社会心理学者の渋谷昌三先生は、『人を動かす心理学』（ダイヤモンド社）のなかで、「自我関与」について説明しています。自我関与とは、「ある事柄を自分に関係があるものとして考えること」です。

「○○さん」と名前を呼ばれると、その話題や出来事に、「自分も深く関わっている」

と認識する。すると**呼びかけてくれた人に好意を持ち、「その人のために、なにかをしたい」という気持ちになるのです**。

ただし、あまりに名前を呼びすぎると、かえって相手にマイナスの印象を与えてしまいます。初対面の男女を被験者とした実験では、「15分以内に6回以上名前を呼ばれると、慣れ慣れしさを覚える」という結果が出ています。つまり、初対面にかぎっては、3分に1度以上は、「やりすぎ」ということ。なにごともバランスが大切ですね。

人は、相手のことを知ったときより、自分のことを知ってもらえたときに心が開きます。そして「あなたを大切に思っている」という気持ちを端的に表現する方法が、「名前を呼ぶこと」なのです。

たとえ、相手が年下でも、「あなた」や「キミ」と呼ぶのではなく、しっかりと「名前」で呼ぶようにしましょうね。

023

「挨拶だけ」で、人生は変わる

「挨拶だけで、人生は変わる」

友人のIさんには、そのことを強く実感した出来事があります。なぜなら、彼は、「挨拶をしていただけ」で、会社のリストラを免れたのです。

Iさんの勤める会社で、大幅な組織改編が行われました。Iさんが所属する部署は、「部署自体が解散」の憂き目に。部員全員が人員整理の対象になりました。

ですが、Iさんには救いの手が差し伸べられます。他部門の部長（S部長）から打診がありました。「退職するとキミも困るだろうから、うちの部署に来ないか」と。

Iさんにとっては、願ってもない申し出です。Iさんは快諾します。けれど、Iさんには、ひとつの疑問がありました。

「S部長とは、これまで一緒に仕事をしたことも、話したこともない。たまにエレベーターで一緒になるくらいなのに、どうして自分を救ってくれたのだろう？」

S部長はその理由を、後日、次のように語ったそうです。

「それは、I君が大きな声で『良い挨拶』をしていたからだよ。I君とは仕事をしたことがないので、どれほど活躍できるのか、正直、私にはわからない。けれど、**キミの挨拶のしかたを見ていると、仕事ができそうな気がした。**だから、やめさせてしまうのは惜しいと思ったんだ」

Iさんは、社内の廊下ですれ違うときも、エレベーターに乗るときも、社内の人にも社外の人にも、常に率先して挨拶をしていました。Iさんの笑顔と気持ちの良い挨拶が、S部長の印象に強く残っていたのでしょう。Iさんは、社内でも有名な「挨拶の達人」だったのです。

ときに挨拶は、ビジネスパーソンにとって、実務能力以上に重要になります。

私の大学時代の友人が、中途採用の人事面接を担当しています。彼女は「どれほど仕事ができても、挨拶がちゃんとできない人は採用しない」と話していました。「新入社員ならまだしも、中途採用者にいまさら挨拶を教えるのはおかしい。最低限のマナーさえ身についていない人は採用できない」というのが彼女の採用方針です。

また彼女の会社は「気持ちの良い挨拶は、店舗の売上に直結する」と考えています。事実、売上と挨拶は比例しているらしく、お客様への挨拶はもとより、スタッフ同士が「お疲れさまです」「ありがとう」「お願いします」と自発的に挨拶をする店舗は、確実に売上を伸ばしているそうです。

「常に元気な挨拶」をする。「ムラのある挨拶」は誤解を受けることが多い

挨拶をしてもらえないと、「自分は挨拶をしてもらえないくらいの存在なのかな?」「無視されているのかな?」と、人は不安になるものです。

友人が勤めるショッピングセンターでも、お客様から寄せられる問い合わせのなかに、「どうしてあの店員さんは、私に挨拶をしてくれないのか」というクレームが、実に多いそうです。

たしかに、疲れているときや悩みごとがあるとき、気分がふさいでいるときは、ついつい、挨拶をおろそかにしてしまうことが、あるかもしれません。

けれど、自分の気分次第で、挨拶をしたり、しなかったりしているうちは半人前です。なぜなら、自分の気分をすぐに顔に出す人は、まわりから疎まれやすいからです。

挨拶にムラがあると、「あの人は、機嫌がいいときや好きな人には愛想がいいけど、機嫌が悪いときや好きじゃない人にはそっけない態度をとる」と誤解を受けることも多くなります。

「どんなに朝早くても爽やかな挨拶をする人」と「挨拶もせず、寝起きの不機嫌さをいつまでも顔に出している人」では、どちらが「好かれる人」だと思いますか？

答えは、明らかですよね。

024

女性の年齢は「10歳若く」、男性の年齢は「5歳若く」言おう

ＣＡ時代に、友人の男性から、こんなことを聞かれたことがあります。

「やっぱり松澤さんも、実年齢より、若く見られたいですか？」

私が「それは、もちろん」と答えると、彼は少し困った顔をしました。

彼は、仕事で知り合った「38歳の女性」を前に、「もっとお若いかと思いました。35歳くらいに見えます」と答えたそうです。すると、その女性の表情が曇って「あんまり、嬉しくないですね…」とつぶやいたそうです。

私には、彼女の気持ちがよくわかります。

実年齢よりも若く見られるのは、たしかに嬉しい。けれど、「3歳くらい若く見られても、あまり嬉しくない」というのが女心です。

私なら「ウソだとわかっていても、10歳くらい若く年齢を言ってほしい」と思います。

コラーゲンドリンクなどを販売する健康食品メーカーが、「20〜50代女性400人」に実施した意識調査によると、「あなたは何歳に見られたいですか?」という問いかけに対し、「32・2%」の女性が「実年齢マイナス10歳」と答えています(『東京ウォーカー』2010年 参考)。

つまり、**女性の3人にひとりは「10歳若く見られたい」と思っている**ことになります。これは、男性にはわからない「女心」かもしれません。

男性は「5歳若く」言うことで、相手は嬉しい気持ちになる

女性は、いくつになっても「若く見られたい」と思う生き物です。

先日、友人と立ち寄った小料理屋さんで、おもしろい光景を目にしました。古希《こき》（70歳）を超えた女将に向かって、男性客が威勢良く声をかけました。

「そこにいる女子高生、ビールを1本ください！」

すると女将は「あんた、気に入ったよ」と喜び、ビールを1本サービスしてあげたのです。


男性客がお店を出たあと、私は女将に聞いてみました。

「女子高生って、言われてましたね？」

女将は快活に笑ったあと、「たとえお世辞でも気持ちが若返ってくるから、嬉しいわよね（笑）。それに、若く言われたってことは、『私が元気だ』っていう証拠でしょ？この歳になると、健康がいちばん大切だから」と話してくれました。


ちなみに男性の場合は、どうでしょう？

男性も、多くの人が「若く見られたい」と思っているようです。NTTアドが行った「第2回『見た目年齢』に関する調査」によると、「実年齢よりも若く見られたい」と回答した男性は「55・4％」。

「まわりの人から何歳に見られたいか」という質問には、「実年齢マイナス3・5歳」という結果になったそうです。この結果から、**男性は「5歳若く」言うことで、相手は嬉しい気持ちになる**でしょう。

とくに相手が女性の場合、年齢を聞かれたくない人もいますから、自分から「おいくつですか？」と聞くことはやめましょう。相手の年齢に関係する話題は避けたほうがいいと思います。

ですが、会話のなかで年齢の話になってしまったときは、「相手の年齢を大げさに見積もる」（30代以上の女性に対しては、マイナス10歳）くらいでいいと思います。

「若々しく見られる」と、人は元気になります。「年齢を下に見られる」と、女性はそれだけで「一日中幸せな気持ちでいられる」ものなのです。

025

「後ろにも目を持つ」と、360度の気づかいができる

航空会社には、お子さまだけのご旅行の際、出発空港から到着空港までお手伝いをするサービスがあります（私が搭乗していた当時は、「ジュニアパイロット」と呼ばれていました）。

このサービスを利用した女の子が、ひとりでさみしくなったのか、機内でメソメソしはじめました。私が女の子に寄り添い「さみしいね、でも旅行楽しいね」となぐさめていると、前列にいらした女性から、とても嬉しいお声がけをいただいたのです。

「娘に見せようと思い、携帯用のＤＶＤを持っています。よかったら、そのお子さまも一緒にどうですか？」

お嬢さまと並んでＤＶＤを見はじめると、女の子はすぐに泣きやんでくれました。
そのとき、ＤＶＤをすすめてくださった女性は、元女優で有名人のＫさんでした。
Ｋさんが「女の子の様子がおかしい」ことに、いち早く気がついたのは、彼女が、自分の後ろにも目を向けていたから。

周囲の人にも目配り、気配りできる優しさを持っていたからだと思います。Ｋさんが、「心の美しい女性」であることを感じたひとときでした。

朝の品川駅で、目の不自由な紳士をお見かけしました。
私はＣＡ時代に「周囲に関心を持って、困っている人がいたら手助けする」という教育を受けています。階段をあがる初老の男性を見て、私は「お手伝いが必要になったら、声をかけよう」と、見守ることにしました。

白杖をつく紳士の前には、制服姿の男子高校生が階段を上っていました。彼はすぐに「自分の後ろに、目の不自由な人が歩いている」ことに気がついたのでしょう。紳士を先に上らせ、彼は「紳士の後ろにまわった」のです。

白杖の紳士の1歩後ろを上る彼を見て、私は気がつきました。

この高校生は「万が一男性が階段でつまずいてしまったら、自分が支えてあげよう」と考えたのだと思います。だから、紳士の後ろにまわったのです。

高校生の彼もまた、Kさんと同じように、後ろに目を持ち、「自分以外のこと（人）にも、関心を向けられる人」でした。

「後ろに迷惑をかけていないか」と考えている人は、相手の変化を見逃さない

先輩CAから「前ばかり向いてサービスをしてはダメ。後ろにも目があるつもりで、360度すべてに気を配りなさい。それがプロの仕事です」と教えられたことがあります。

人に迷惑をかけない人は、後ろにも目を持っています。目の前のことだけでなく、「後ろに迷惑をかけていないか」を気に留めています。だから、相手の小さな動作や表情の変化を見逃しません。

先日、東京メトロの構内で見かけたポスターには、こんなキャッチコピーが書かれてありました。

「なぜ後ろを、気にしないの？　前向きはいいことだけど」

後ろにも目がないと（後ろにも気を配っておかないと）、「後ろの出来事」に気がつけません。人間の視野は、両目を使っても「左右で約180度（前方）」しか見渡せない。ということは、**残りの「約180度（後方）」を見るためには、感性や、想像力や、察知力を働かせて「後ろに迷惑をかけているかもしれない」と、注意を払う必要があります。**

「閉じた傘を持つとき、傘の先を後ろに向けていると、人にケガをさせてしまうかもしれない」「改札の前で立ち止まったら人とぶつかってしまうかもしれない」「歩道を横並びで歩くと、道をふさいでしまうかもしれない」……。

こうした察知力と観察力が、その人の周囲への気づかいとなり、それが日ごろの習慣として積み重なることで、人となりや品性を培っていくのだと思います。

Column

「見返りを求めない心」が、たくさんのファンをつくる

新妻《にいつま》ノリ子さんは、私が心から尊敬する「研修講師」です。仕事で悩んでいるとき、体調が良くないとき、私を何度も支えてくださいました。新妻さんは、いつでも私の味方でいてくれるのです。

新妻さんが60歳のお誕生日を迎え、私が「日頃のお礼をしよう」と思っていると、新妻さんから「意外な提案」がありました。

「お礼をするのは、私のほう。私がいまもがんばれるのは、みんなのおかげ。だから、今回は、私がみなさんをご招待します」

本来なら祝福される側の新妻さんが、私たちのために「『お返しの会』を開きたい」と言うのです。

新妻さんは、「惜しみない愛を捧げられる人」です。いつでも「他人のことを考えている人」なのです。

当日は３連休の中日にもかかわらず、50名以上のゲストが集まりました。これだけ多くの人に慕われているのは、新妻さんが「相手を喜ばせることに集中し、見返りを求めない心」を持っているからだと思います。

相手が困っていたら、すぐに手を差し伸べる。自分よりも他人を優先する。そのやさしさが人の心を打つから、新妻さんのまわりには、たくさんのファンが集まってくるのでしょう。

第4章

Why are you successful in human relations?

【テーブルマナー】
「テーブルマナー」に
相手への気づかいがあらわれる

026

アンケートで90%以上を占める「気になるテーブルマナー」

ある懇親会の席で、こんな出来事がありました。

友人とお食事を楽しんでいると、私たちの目の前で、某大手メーカーのご子息という方が、同じ席を囲む友だちにからかわれていたのです。

彼がどうして、からかわれているのか、その理由はすぐにわかりました。

「お箸の持ち方、使い方」が稚拙だったからです。

彼の持ち方は、いわゆる「握り箸」（棒を握るような手つきで箸を持つこと）でした。

握り箸は、お箸を持ち慣れない幼児のする持ち方です。大人の所作としては、恥ずかしいと考えられています。

「ハハハハ。おまえ、なにその持ち方。いい歳なんだから、箸くらいちゃんと使えよ」

それでも彼は意に介さず、笑われても気にせず、握り箸を続けていました。そして、こう言い返したのです。

「食べられればいいんだよ。箸が正しく持てても、持てなくても、料理の味は変わらないんだしさ…」

私の友人は、その様子を見て、こう言いました。

「お箸も満足に持てないなんて、きっと、そうとう甘やかされて育ってきたんだろうね。笑われているのに直す気がないなんて、箸の持ち方もそうだけど、考え方も幼いと思う」

私たちは彼と初対面でしたから、彼が甘やかされてきたのか、本当のところはわかりません。

けれど私の友人は、箸の持ち方を見ただけで、「甘やかされて育てられた、稚拙な大人」とリンクさせて、彼にネガティブな印象を持ってしまったのです。

事実かどうかはともかく、私の友人のように「箸の持ち方が悪い＝甘やかされて育てられた」と考える人は多いと思います。

そもそもお箸は、「祖先の霊や神様に、食べものを供える」ときに使われた祭器《さいき》であり、とても神聖なものです。

日本人の一生は、「箸にはじまり箸に終わる」といわれているように（生後100日のお食《く》い初《ぞ》めにはじまり、御仏前にはお供えの御飯に箸を立てて供養する）、正しい箸遣《はしづか》いは、日本人にとって基本的な「礼儀作法」です。

「マイフォーク」「マイスプーン」を使う欧米人はいませんが、日本人は「自分だけのお箸」を決め、基本的に、ほかの人に使わせることはありません。私たち日本人は、それだけ「文化」として、箸というものをとても大切にしている証拠なのです。

箸を正しく持つことは、「周囲への気づかい」につながる

私は以前、男女800人を対象に「食事のマナーに関するアンケート」をとったことがあります。

「食事中、いちばん気になるマナーはなんですか？」

という問いかけに対して、もっとも多かった回答が「お箸の持ち方」でした。

90％以上の人が「お箸の持ち方の悪い人には、あまり良い印象を持たない」と答えたのです。

これは私見ですが、人は「動くもの」に目がいきやすい。ですから、食事中の手の

動きが気になるのだと思います。

また「日本人なら、お箸は正しく持てるのが当たり前」と思っている人が多く、「みんなができているからこそ、できていない人に違和感を覚える」のではないでしょうか。

「箸が正しく持てない人」を見て、不快に思う人がいます。

甘やかされて育てられた、礼儀ができていない、伝統を重んじない、見た目がよくない、食べ方が汚く見える…。

某大手メーカーのご子息が言ったように、箸がちゃんと持てなくても、「料理の味」は変わりません。

ですが、一緒に食事をする人の「心証」を変えてしまうことがあります。**箸を正しく持つことは、「周囲への気づかい」につながるのです。**

「お箸の持ち方」が間違っているだけで「自分の品格」が低く見られてしまうなんて、

もったいないと思いませんか？
たかが「お箸」、されど「お箸」。お箸の使い方にも、あなたの「品格」が宿ること
を忘れないでくださいね。

027

「相手が落としたナプキンにどう対処するか？」に心があらわれる

私とみなさんがお食事に行ったとします。お食事中に、私の膝の上に乗せてあったナプキンが、するりと床に落ちました。けれど私は気がついていません。このとき、みなさんなら、どのように振る舞いますか？　次のなかから選んでみてください。

①見て見ぬふりをする
②「落ちましたよ」と教えてあげる
③落ちたナプキンを拾ってあげる

食事のマナーとしてもっともふさわしいのは、

「①見て見ぬふりをする」

です。さらに、マナー上級者であれば、自分も相手と同じようにナプキンを落とし、あくまでも「自分のために」さりげなく給仕を呼ぶでしょう。

②と③がどうしていけないのかというと、**「相手に恥をかかせてしまう」から**です。

かつて、陸軍の荒木貞夫大将は、帝国ホテルでの宴席中に「フィンガーボウル（指先を洗う器）」の水を飲んだことがあります。

荒木大将は、フィンガーボウルの使い方を知らなかったわけではありません。ですが、お客様のひとりが「飲み水」と勘違いして飲んでしまったのです。

宴会の主催者として、お客様に恥をかかすことはできません。そこで、お客様と同じ行動を、あえてとったのです（※2）

また、イギリス国王エドワード8世も、アラブ首長の要人を招いた晩餐会《ばんさんかい》で、同じことをしたといわれています。

厳密に言えば、フィンガーボウルの水を飲むのも、ナプキンを自分から落とすのも、ほめられた行為ではありません。

けれど、「相手に恥をかかせないという優しさ」は、儀礼的な所作を超えた「究極のマナー」になりえるのではないでしょうか。

「そこまでする」からこそ、相手に感動が伝わる

『情報ライブ　ミヤネ屋』（読売テレビ）に出演した私は、フリーアナウンサーの木《き》佐《さ》彩《あや》子《こ》さんと一緒に「意外と知らない食事のマナー」についてお伝えしました。

おしぼりの使い方、お椀の持ち方、お造りの食べ方など、「恥ずかしくない和食の食べ方」をお伝えしたところ（具のないお椀でも箸を持っていただく、お椀のふたは湯気が相手にいかないように手前にあける、おしぼりは手の大きさに少し広げる…な

ど）、木佐さんは、テーブルマナーに込められた細やかな配慮に驚かれ、「そこまでしなければ、いけないんですか？」と驚かれていらっしゃいました。

テーブルマナーは私たちが思っている以上に、奥深いものなのです。

相手に感動を与えたいなら「そこまでしたほうがいい」と私は思います。それも、「相手に気づかれない」ようにするのが「さとられないマナー」です。

やさしさや思いやりは、押しつけないほうがスマートです。荒木貞夫大将やエドワード8世が、フィンガーボウルの使い方を正さなかったのは、相手に恥をかかせないため、つまり「相手に気を使わせないようにするため」です。

「杓子定規《しゃくしじょうぎ》にマナーを守ること」が正しいわけではなく、場の空気、雰囲気に合わせて機転を利かせることのほうが、よほど大切です。

マナーは、相手に悟られずにするもの。**「相手に気を使わせないために、自分が気を使う」ことがポイントなのです。**

028

食事の際の「お金のマナー」。一方通行では長続きしない

私と友人が、日頃からお世話になっていた経営者のYさん。気取りのない方で、何度もお食事をご一緒させていただきました。

私と「倍」ほども年齢が違うのに、まるで友だちと一緒にいるような安心感を与えてくれる人格者です。

ですが私は、そんな気さくなYさんから、一度だけ叱られてしまったことがあります。いつもごちそうしてくださるので、私はだんだん「思い違い」をするようになっていたのです。

食事を終え、Yさんが「お会計」に立ったとき、ほかの友人はお財布を出し、支払

う意思を見せました。けれど、私はうっかりしていて、財布を手にとるのを忘れていました。

Yさんは、私の態度に気がついていました。そして、お店を出たあと、私に言いました。

「A子さんもB子さんもさ、一応、お財布をカバンから出して、お金を払おうという気持ちを見せてくれたよね。けれど萬紀だけが、お財布を出そうともしないで『ごちそうしてもらって当たり前』って態度だったぞ（笑）。僕はごちそうするのは大好きだけれど、『ごちそうしてもらって当たり前みたいな態度』をとられると、いい気がしないよ（笑）。『親しき仲にも礼儀あり』と言うだろ？」

当時の私は、**Yさんの好意を「受け取りっぱなし」にするだけで、「恩を返そう」とか「感謝を示そう」という姿勢が薄れていたのです。**

Yさんにしていただいたことを「そっくりそのままお返しする」ことはできなくとも、すくなくともお財布を出して払おうという意思を見せるとか、旅行に行ったらおみやげを渡すとか、実家から送られてきた果物をお裾分けするといった、「小さなお返し」はできたはずです。

それなのに、あのときの私は、Yさんへの感謝を忘れていました。

私はいま、大学生の進路相談に乗ることがあります。食事をしながら話を聞くときは、もちろん年長者の私がお金を支払います。

するとあるとき、学生のひとりが「松澤さんにはいつもごちそうになっているので、学食でよければ（笑）、今度は僕たちがおごります」と言ってくれたのです。

私はすごく嬉しかった。「返すものの大きさ（値段など）」に、価値があるのではありません。「返したいと思う気持ち」が、もっとも尊いのだと思った瞬間でした。

私のよく知る副社長は、「ごちそうするのは大好きだけど、5回に1回でいいから、それも、ラーメン1杯でもいいからごちそうしてくれて気持ちを返してくれたら、その気持ちが嬉しいと思うな」と話していました。

「一方通行の関係」は、最後にはバランスを崩してしまい、うまくいきません。私たちが求めているのは、「小さな気持ちの恩返し」であり「お互い様の関係」なのかもしれませんね。

90：10でもいいので、「小さな気持ちの恩返し」をしよう

4年ほど連絡をとっていなかったCA時代のA先輩と、ランチをご一緒することになりました。お店は先輩が探してくれることになり、人気のお寿司屋さんに予約を入れてくれたのです。

私は、もっとカジュアルに食事をすると思っていたのですが、A先輩は「萬紀と食事をするのは久しぶりだから、おいしいものを食べよう」と言って、ごちそうしてくださったのです。

忙しいA先輩が、私のために時間をあけてくれただけでも嬉しい。そのうえ素敵なお店を予約してくれたことがありがたくて、そんな粋なことをさらりとできるA先輩

に、いままで以上に憧れるようになりました。
食事に招待する場合は、「選んだお店＝もてなす人の気持ち」をあらわしています。ですから、私が相手を招待するお店を選ぶときは、「ワンランク上のお店（相手の期待を超えるお店）」を選ぶように心がけるようになりました。

社会人になると、食事をごちそうする機会も、ごちそうされる機会もあります。このとき「おごってばかり」とか、「おごられてばかり」という一方通行の関係は、長続きしません。どちらかに偏ってしまうと、人間関係はしだいにうまくいかなくなってしまいます。

もちろん、上司と部下、先輩と後輩、男性と女性、仕事の発注者と受注者など、お互いの立場は違うため、「50：50」のバランスを保つのはむずかしいと思います。でも、90：10でもいいので、「小さな気持ちの恩返し」をすることなら、だれにでもできるのではないでしょうか。

それプラス、心からの「ありがとうの言葉」があれば、良い関係が続くはずです。

第5章

Why are you successful in human relations?

【習慣】
人に好かれてうまくいく人の習慣

029

1日6万回の問いかけ。「恐怖のDワード」を使わない

アメリカで人気のオーディション番組「アメリカン・アイドル」を見ていて、気がついたことがあります。オーディションを通過できなかった参加者は、審査員から「自信のなさ」を指摘されることが、非常に多いのです。

「あなたの態度には、自信のなさがあらわれている」「自信のなさが、あなたの魅力を半減させている」「自信を持っていないから、頼りなく映る」などなど…。

「AKB48」の総合プロデューサー・秋元康《あきもとやすし》さんも、**「アイドルにも、ビジネスにも、必要なのは、根拠のない自信」**と述べています。

秋元康さんが「ジャンケンの強さ」にこだわるのは、「自分はジャンケンが強い」

と思うか、それとも「弱い」と思うかによって、勝負に対する姿勢が変わってくるからです。

「先に5回勝ったほうが勝ち」のジャンケンをするとき、「強い」と思っている人は、相手に4回負けても、勝負を投げずに、その後の5連勝に期待します。けれど、「弱い」と思っている人は、相手に2回負けただけで、あきらめてしまう。勝利を引き寄せたいなら「勝てると思い込むこと」。それが、秋元康さんの持論です（※3）。

できると思う理由にも、できないと思う理由にも、「根拠」はない

心理学では「言葉の使い方が、セルフイメージに大きな影響を与える」と考えられています。自信がなかったり、自分を過小評価している人は、消極的な言葉（でも、だって、どうせ、できない）を使う傾向にあり、それによって、「自分の可能性」に蓋をしてしまいます。

私たちは、1日6万回もの「内部対話（自分の内面での対話）」をしているので「で

きない」という言葉ばかりを使っていると、本当に「できない人」になっていってしまうのです。あなたは自分の言葉で、自分をダメにしていないでしょうか？

【恐怖のDワード】

・でも　・だって　・どうせ　・できない

一方で「できる」という言葉を使っていると、たとえ根拠がなくても「できる人」としての自信が芽生えてきます。

教育心理学では、言葉が子どもに与える影響を説明するために、「人間ピラミッド」をつくることがあります。子どもがピラミッドの土台になって、その上に、自分よりも大きな大人を乗せていきます。

自信のない子どもは「大人を乗せられるわけがない」「こんな大きな人を乗せたら、体が痛くなりそう」と消極的な姿勢を見せるので、そんなときは「やれる！　できる！大丈夫！」と、自分を肯定する言葉を何度も言わせます。

すると、その言葉の力で、小さな子どもが大きな大人をかんたんに乗せてしまうのです（この様子を見た保護者は、「やれる！　できる！　大丈夫！」が、子どもを成長させるマジックフレーズであることを知り、子どもを否定しなくなります）。

人間には、生物としての「防衛本能」が備わっています。生命を守ろうとして「でも、だって、どうせ、できない」と、前置きや言い訳や勝手な憶測をして、現状を維持しようとします。けれどそれでは、可能性の蓋はいつまでも閉じたままでしょう。

夢をかなえている人には「根拠のない自信」があり、現状から抜け出せない人には「根拠のない不安」があります。自信にも不安にも、実は「根拠」はありません。できると思う理由にも、できないと思う理由にも、本当のところは「根拠などない」のです。

どちらにせよ根拠がないのなら、「恐怖のDワード」は使わない。「できない理由」ではなく、「できる理由」を考える。**かなえたい夢があるのなら、「やれる！　できる！　大丈夫！」と、無条件で自分を励ましてあげましょう。**

そうすれば、昨日と違う自分、新しい可能性に満ちた自分に出会えるはずなのです。

030

常に「相手ベクトル」で、相手のほしいものを提供しよう

短大時代に、私、A子、B子の3人で食事に行ったときのことです。席に着くと、A子とB子が、次のようなやりとりをはじめました。

A子「B子と食事をするのはすごく楽しいんだけど、ひとつだけお願いがあるの」
B子「なに?」
A子「たまには、私にもメニューを見せてほしいな。B子はいつも、『これと、これと、これと、これを頼もう』って、注文をひとりで決めちゃうでしょ?」
B子「あ、ごめんなさい。でもね、私は何度かこのお店に来ているけど、みんなは、はじめてだから、私が料理を選んであげたほうが、みんなも喜んでくれると思って…」

B子は、「みんなのため」と思って、メニューを決めていました。けれど、「友だちのため」と言いながら、B子の行動は、「自分本位」と誤解されることもあります。「自分ベクトル」で物事を考え、自分の「したいこと」だけをして、「相手がどう思うか」にまで気がまわっていなかったのです。**親切にしているつもりなのに、どこかで境界線を越えてしまい「余計なおせっかい」になっていたのですね。**

「相手のため」を思ってとった言動が、実は、「相手の迷惑になる」ことがあります。

講師仲間のNさんは、熟考の末に、大手企業研修のお仕事をお断りしました（当時、Nさんは、数カ月間、体調が思わしくありませんでした）。

「Nさんが仕事を断った」ことを聞きつけたのが、先輩講師のFさん。F先輩は、「Nさんが研修を断った理由」を尋ねようともせずに、「私が手伝うから、引き受けたほうがいいよ。せっかく大手企業から依頼があったのだから、断るのはもったいないよ」と、何度も、何度もNさんを説得したそうです。

やがてNさんは、F先輩の申し入れを「しつこい」と感じはじめます。

あまりに何度も説得してくるので、「F先輩の本心は違うのではないか。私のことを助けたいという気持ちより、自分がこの仕事に関わりたいと思っているだけじゃないか」と、不信に思うようになったそうです。

もしもF先輩が、Nさんのことを本当に思っていたのなら、もっとNさんの意思を尊重したはずです。自分の考えを押しつけるだけのようなことはしなかったでしょう。

相手の表情や、身振り手振りから「相手の求めるもの」を察知しよう

喫煙者のなかには、非喫煙者の前でタバコを吸う際、「タバコを吸ってもいいですか?」と訊く方がいます。

「訊くこともなしに、タバコを吸いはじめる人」よりも、訊く人のほうが察知力は高いと思いますが、それでもまだ「自分ベクトル」だと思います。

なぜなら「タバコを吸ってもいいですか?」と訊かれたとき、「ダメです」と言えない人のほうが圧倒的に多いでしょう。「タバコを吸ってもいいですか?」と訊く人

のなかにも、「まさか断られることはないだろう」と考えている人が多いと思います。
本当に相手ベクトルで考えるのであれば、煙で気分が悪くなる人もいますし、洋服についたニオイはなかなかとれないので、「タバコを吸わない気づかいができる人」になりたいですね。

中谷彰宏さんは、著書『「女を楽しませる」ことが男の最高の仕事。』(だいわ文庫)のなかで、「女性の本当に求めるものを、理解できるかどうかが分かれ道。デキる男性は、相手のほしいものを提供できる」と言っています。

相手の表情や、身振り手振りから「相手の求めるもの」を察知する力は、男女関係にかぎらず、人間関係の基本です。「相手ベクトル」で考えられる人は、魅力ある人として、人の心に残ります。そのためにも、親切心を働かせるときは…、

・「それは自分ベクトルになっていないか」(自分本位の振る舞いになっていないか)
・「相手ベクトルになっているか」(相手のニーズに適っているか)

を、常に考える習慣を身につけましょう。

031

幸せとは「為《な》し合わせ」。「お互いに与え合う関係」になろう

最も登壇が多かった年、私は200回登壇させていただき、数多くの方とお会いすることができました。印象に残る出会いがたくさんあり、なかでも、ビジネス研修に来てくださった弁護士のMさんは、「また会いたい」と思わせてくれたひとりです。

その日、彼女は花粉症気味だったのか、鼻がぐずついている様子でした。ハンカチを鼻にあてていたので、私は「どうぞ、使ってください」と声をかけ、持っていたポケットティッシュを差し上げたのです。

すると、お昼休みを終えたころ、Mさんが「さきほどのティッシュのお返しです」と言って、私に「のど飴」をくださいました。お昼休みの間に、雨が降るなかを、わ

ざわざコンビニまで買いに行ってくださったのです。

値段にしたら、わずか100円の「のど飴」ですが、私はMさんの素直な気持ちが嬉しくて、「この人と友だちになりたいな」と思いました（翌日にはお礼のメールをいただき、それを機に交流がはじまりました）。

「のど飴」を買いに行く時間も、お礼のメールを書いている時間も、Mさんは、私のことを思ってくれていたことでしょう。目の前にいない私のことを考え、私のために時間を割いてくれた「その気持ち」こそ、なによりも嬉しいお返しでした。

私はさきほど、「一方通行の関係は、長続きしない」と言いましたが（176ページ）、**人間関係を長続きさせるには「お互いに、与え合う関係」を築くべきだと思います。**

相田みつをさんの作品集『にんげんだもの』（文化出版局）の中に、私の大好きな詩があります。

「うばい合えば足らぬ　わけ合えばあまる　うばい合えば憎しみ　わけ合えば安らぎ」（相田みつを「わけ合えば」の一節）

私はこの詩のなかに、「与え合うこと」の大切さを感じます。

相手を思いやり、わけ合う。一方的に尽くすのではなくて、「与えて、与えられる関係」になったときに、本当に信頼できる人間関係が築かれるのです。

相手が喜ぶことを「為《な》し合う」ことによって、人は本当の「幸せ」を感じる

私の場合、「お互いに与え合える人」とは、自然と長い付き合いになり「一生付き合いたい」と思っています。CA時代の後輩、Uさんも、「一生付き合いたい友人」です。

Uさんが、私の家に泊まりにきたときのことです。Uさんの手が滑って、持っていたグラスを落としてしまいました。さいわい割れることはありませんでしたが、

ジュースがこぼれて、テーブルクロスが少しだけ、汚れてしまいました。

洗濯をすればすむことですし、シミになることもありません。私にとっては些細な出来事。けれど、Uさんは気にしてくれたのでしょう。

後日、「せっかく泊めていただいたのに、失礼なことをしてしまいました」という謝罪の気持ちとともに、彼女からお詫びのプレゼントが届きました。そんなことなどすっかり忘れていた私ですが、Uさんの気持ちがとても嬉しく感じました。

10歳ほど歳の離れた彼女と私が、まるで姉妹のように仲良くなれたのは、彼女のおかげです。彼女の心根に、常に「してあげたい」という思いやりがあったからです。

「幸せ」の語源は「為《な》し合わせ」だといわれています。とても素敵な言葉だと思います。「人は、ひとりでは生きられない」そのことがわかっていれば、自然と「為し合う（お互いにしてあげる）」ことができるのではないでしょうか。

相手が喜ぶことを「為し合う」ことによって、人は本当の「幸せ」を感じることができるようになるのですね。

032

「当たり前の小さな気づかい」を、当たり前じゃないぐらい継続する

韓国の企業家、ベ・ドンチョルさんと食事をすることになり、私が先にお店で待っていたときのこと、ベ・ドンチョルさんからお電話が入りました。

ベ・ドンチョルさんの声の様子から、「なにか困ったことがあったのかな?」と想像すると、「すみません、少し、遅れます」とのこと。

私は「大丈夫です。お気になさらないでください」と返したのですが、そのあとに続いた言葉に、私は驚きました。ベ・ドンチョルさんは、

「お約束は夜の7時からですよね。1分遅れます。申し訳ありません」

と平然とおっしゃったのです（えっ、たった1分で…？　1分でわざわざ電話を？）。

私が「1分、遅れるのですね？」とたしかめると、ベ・ドンチョルさんは「はい」と答えます。冗談ではなく、ベ・ドンチョルさんは本当に「午後7時1分」にお見えになったのです。食事を終えるころ、私はベ・ドンチョルさんにうかがいました。

「たとえ1分でも、遅れるときは電話を入れるのですか？」

するとベ・ドンチョルさんは、私の質問の意味がわからない、といった表情で「え、しませんか？　普通はしますよね」とおっしゃいました。

「1分であろうと1秒であろうと、遅刻は遅刻。相手を待たせることに変わりはありません。だとすれば、連絡をするのが当たり前です。それに、私が連絡を入れなければ、松澤さんは、何分待たされるのかわかりませんよね」

と言うのです。

「1分ぐらいなら、大丈夫だろう」と連絡を怠るだけで「信頼」を失ってしまうことがあります。とくに、親しい間柄になればなるほど、「遅刻に対する甘え」が出てくるものです。

でも、反対に、たった1分の遅刻でも連絡を入れておけば、信頼関係を育むことができます。


ベ・ドンチョルさんは、企業家最年少で韓国の大統領表彰を受賞されるほどのＶＩＰです。

それなのに、決して偉ぶらず、自分からへりくだり、お電話をくださった。その細やかな気配りに私は感動しました。

私は常々「信頼関係は、小さなことの積み重ねによって築かれる」と考えています。

・「1分でも、遅刻するときは連絡を入れる」
・「メールはできるだけ早く返信する」
・「人前でくしゃみをするときは、ハンカチを使う」

・「電話を切るときは、相手が切るまで待つ」

こうした「小さなこと」「当たり前のこと」の継続が、やがて大きな信頼につながります。

「神は細部にこそ宿る」という言葉があります（建築家のミース・ファン・デル・ローエが好んで使ったと言われていますが、だれが最初に言ったのかは、諸説あるようです）。

「細部が全体の完成度に影響を及ぼす」「物事の本質は、細かなところにこそあらわれる」といった意味として使われており、この言葉は、人間関係にも当てはまります。

だれにでもできるのに、だれもがおろそかにしてしまいがちな「細やかな気づかい（細部）」を愚直に磨くことによって、「人間関係（全体）」は育まれるのです。

○「小さな気づかい」が重なって信頼に、「小さな無礼」が重なって不信感になる

「人間の縁は、努力によって育まれていく」ものです。

ところが私たちは、自分が置かれている現状に、いつの間にか「慣れ」てしまい、やがて努力や継続を怠ってしまうことがあります。

「親しき仲にも礼儀あり」ということわざは、そんな人間心理を言い当て、戒めているものです。残念ながら、人は親しくなった人に対して、感謝の気持ちを忘れてしまいがちです。

「慣れ」からくる心の甘えが、のちのち、取り返しのつかない失敗につながったり、人の縁が切れてしまうことがあります。

「親しき仲にも礼儀あり」ということわざが、長いときを経ても、なくならずに残っているのは、それがまぎれもない「真実」だからではないでしょうか？

信頼は築くことがむずかしく、一方で、かんたんに壊れてしまいます。「小さな気づかい」が重なれば、信頼となる。けれど、「小さな無礼」が重なるうちに、「塵も積もれば山」となって、大きな不信感につながってしまいます。

信頼関係を壊さないためには、どんなに付き合いが長くとも、知り合ったときと同じように思いやりを持って、「小さな気づかい」を積み重ねることが大切なのです。

「当たり前の小さな気づかいを、当たり前じゃないぐらい継続できる人」になれば、いつまでも、良いご縁が続いていくことでしょう。

033

「三角ぼめ」は最強のほめ言葉

毎回、数百人の聴講者を集める人気講師のY先生。私が新人のころ、ありがたいことに、Y先生のアシスタントをさせていただいたことがあります。

講演がはじまる前に、「先生、なにかお手伝いすることはありますか？」とうかがうと、先生はほほ笑みながら「講演が終わったら、私をほめてください。ほめて、ほめて、ほめちぎってほしいんです」とおっしゃいます。

経験も実績も申し分なく、社会的にも認められているY先生でさえ、「ほめられることが自信の源泉なのだ」と知りました。人は、年齢や性別に関係なく、いつまでたっても、ほめられると嬉しくなる生き物なんですね。

米科学雑誌『ニューロン』には、「ほめられると、人の脳は、現金を受け取った場合と同じ部位が活性化する」という研究結果が掲載されたことがあります。科学的にも「ほめ」の効果は裏付けられているようです。

そこで、Y先生をほめるときに私が実践したのが、第三者の声を使う「三角ぼめ」です。私が直接「Y先生、今日の講演はすごくよかったです！」とほめるよりも、

「聴講者さんが『先生のお話はすごくわかりやすい』とおっしゃっていましたよ」
「講演を主催された○○さんが、『Y先生にお願いしてよかった』と喜んでいましたよ」

と、「第三者」を介してほめたほうが、ほめの効果が数倍アップします。

「まわりの人がそう言っていた」と伝えるほうが信憑性が増す、つまり、「お世辞じゃないほめ言葉」になるからです（心理学では、ほめ言葉によって学習や仕事への意欲を高めることを「強化」といい、第三者を介した場合を「間接強化」といいます）。

私自身も「三角ぼめ」の効果を体感することがあります。

たとえば、研修会社の部長から「そういえば、けさの朝礼で、営業担当のMが『松澤先生の研修はすごく評判がいい』と発表していたよ」と「三角ぼめ」をされたときは、「Mさんのためにも、もっとがんばろう！」と思わずにはいられませんでした。

Mさんから直接ほめられても、もちろん嬉しい。でももしかしたら、Mさんが私を喜ばせるために、お世辞や社交辞令を言った可能性を、どうしても考えてしまいます。

一方で、「私のいないところでほめてくれた」場合は、「本当にほめてくれている」と思うことができるので、信憑性が高い。だから、人は素直に喜べるのです。

人をほめるのが苦手な人でも、「三角ぼめ」なら使いやすい

映画『男はつらいよ』で知られる山田洋次監督は、著書『寅さんの教育論』（岩波書店）のなかで、「人をほめることが、映画づくりでいかに大切か」を述べています。

山田洋次監督は、「目立たないところで工夫をしている人」を見つけると、大声で、

くどいほど、ほめていたそうです。

ですが、だれもが山田洋次監督のようにできるわけではありません。なかには「ほめることに照れを感じてしまう人」もいるでしょう。

「面と向かってほめるのは、気恥ずかしい人」こそ、「三角ぼめ」を使ってみませんか？　「○○さんが、あなたのことをほめていましたよ」と言うのであれば、気恥ずかしくなく、ほめることができると思います。

現役CAのMさんは、フェイスブックに「仕事も子育てもがんばっているのに、だれもほめてくれない」とつぶやいていました。

大人になると、「できて当たり前」のことが多くなって、ほめられる機会が少なくなります。でも、「当たり前なことほど、ほめてもらいたい」ときがあります。

みなさんも、ぜひ「ほめる」ことを意識してみてください。「ほめられること」が、人の活力になることを意識して、「三角ぼめ」を使ってみましょう。すると、**直接ほめるよりも、何倍も相手を喜ばすことができる**ようになるのです。

034

人は、正しいかどうかではなく、「感情」で動く

「人木石《ひとぼくせき》に非《あら》ず」。

この格言は、「感情を持たない木や石とは違い、人は喜怒哀楽をさまざまな形であらわす『感情豊かな生き物』である」という意味です。

論理的、理性的に正しいからといって、「感情」が伴っていなければ、人は行動に移せないことがあります。

私が出張先のホテルで体験したある出来事は、

・「論理だけでは、人を満足させることはできない」
・「マニュアル通りの対応では、人の心は満たされない」

ことを私に教えてくれました。

出張先のホテルで急に具合が悪くなってしまい、私は「もう1日延泊して、しっかり体を休めよう」と思いました。

内線電話でフロントを呼び出し、

「具合が悪いので……、延泊したいのですが……、お部屋は空いていますでしょうか……?」

と、息を切らしながら問い合わせたところ、フロントの女性からは、「明るく、快活に」返事が返ってきたのです。

「お部屋はございますので、そのままお泊まりいただけます! ですが、いまお使いのカードキーは明日には使えなくなりますから、フロントまで取りに来てください!」

しばらくベッドで休んだあと、私は、もう一度フロントに電話をかけました。

「冷蔵庫のお水がなくなってしまいました。買いに行きたいのですが、体調が悪くて外に出られません。お金を渡しますから、私のかわりに買って来てくださいませんか?」

するとフロントの女性は、今度も明るい声で、

「申し訳ございません! お客様からお金をお預かりしてはいけない決まりになっております。ですので、お客様ご自身で買いに行ってくださいませ!」と。

あっさりと断られた私は、受話器を置いたあと「彼女の言い分はマニュアルに忠実なのだろうけど、もっと、ほかの言い方があったのではないか…」と疑問を覚えました。

○論理的に物事を進めることよりも、まずは「心でつながる」ことが大切

このフロントの対応は、「論理的（マニュアル的）」には、正しいのかもしれません。けれど、**ホテルのルールや決まりを押しつけるのではなく、私の「感情」にも気を配ったひと言がそえられていたなら、私は、不快感を感じなかったと思います。**

たとえば、はじめに「お客様、大丈夫ですか？」「病院には行かれましたか？」「どのようなご容体ですか？」とひと言かけ、そのあとで「具合が悪いなかで大変申し訳ありませんが……」と切り出してくれたなら、私の感情は満たされ、不快感を覚えることはなかったと思います。

後日、私が「ザ・リッツ・カールトンホテル」に宿泊したときのことです。
ホテルのラウンジには、たくさん「紅茶」が用意されていました。紅茶が大好きな私は、ホテルの女性スタッフの前で、「どれにしよう？　どれもおいしそうだし…」と、さんざん悩んでから「ダージリン」をいただくことに。

ゆっくり紅茶を楽しんでいると、先ほどの女性スタッフが近づいてきて、「ご自宅でお召し上がりください」と、3種類の紅茶の葉を、美しい袋に包んでプレゼントしてくださいました。

「紅茶がお好きな方だから、ほかの種類の紅茶も召し上がっていただこう」という彼女なりのおもてなしです。彼女が自分で考えた、マニュアルを超えた「気づかいのアドリブ」が、私の感情を動かしました。

私がザ・リッツ・カールトンホテルに「もう一度、泊まりたい」と思ったのは、言うまでもありません。

人と人をつなげるのは、論理的に正しいマニュアルではなく、「感情」です。

もちろん、マニュアルも大切ですが、ロジカルに、効率的に、論理的に物事を進めることよりも、まずは「心でつながる」ことが大切なのです。

「正論」を振りかざすだけでは、相手は心を開いてくれません。「相手がどのような感情でいるのか」を察知して、共感して、相手に寄り添う気持ちや言葉がけを心がけましょう。

人間関係において大事なのは、「正しさ」以上に、「相手の感情を満たしてあげること」なのです。

私の知人の弁護士は、「裁判に発展するケースは、どちらが正しいという問題よりも、お金の問題よりも、むしろ感情の問題のほうが圧倒的に多い」と言っていました。

人は思っている以上に、感情に左右される生き物だということを、ぜひ、理解しておいてくださいね。

035

「人の役に立とうという気持ち」が、自分の道を切り開くいちばんの近道

私は、自分が講師として登壇するだけでなく、時間の許すかぎり、さまざまなセミナーや講演会に受講者として参加しています。セミナー講師の仕事は、「受講者に対してアウトプットする仕事」です。そのためにも、「自分自身に対するインプット」が欠かせません。あるセミナーを受講したときのことです。

セミナー後の懇親会で、その日の講師、Cさんとお話をさせていただきました。すると会話のなかで、Cさんと私が「同じ研修会社に登録していること」がわかりました。

後日、研修会社の営業担当者、Tさんに「Cさんも、こちらに講師登録されていた

のですね」と話を振ると、TさんがCさんを高く評価している様子がうかがえました。
企業から研修会社に依頼があると、Tさんは、研修内容にふさわしい講師を選びます。このとき、まっさきに顔が浮かぶのが、Cさんなのだそうです。

私がその理由を尋ねると、Tさんは「Cさんの人間性」と答え、「頼んだ仕事をきちんとしてくれるのはもちろんのこと、ほかの先生が嫌がる事前の打ち合わせにも同席してくれる。一緒に仕事をしたいと思わせてくれる講師ですね」と教えてくれました。

私が登録している研修会社には、私のほかにも、たくさんの講師が登録しています。正確な人数はわかりませんが、300人以上はいるのではないでしょうか。
そのなかで「Cさんの顔がまっさきに浮かぶ」のは、**Cさんの講師としての実力はもとより「人の役に立とうという気持ち」があるから**だと思います。だからTさんが「一緒に仕事がしたいと思わせてくれる講師」という評価を与えているのでしょう。

ご縁を育むには「人の役に立とうという気持ち」を持ち続けること

Cさんと対照的だったのが、後輩講師のHさんです。あるときHさんが、こんなグチをこぼしていました。

「昨日、朝早い仕事を頼まれちゃって…。行ってみたら、受講者は3人しかいないんだよ。早起きして損しちゃった。営業（Tさん）もさ、こんな仕事をよこすなって」

Hさんのこの発言は、あきらかに「自分ベクトル」に聞こえました。

仕事は、ひとりではできません。セミナーの依頼をとってきてくださるTさんのような営業マンがいるからこそ、私たち「講師」の活躍の場があります。もしHさんに「人の役に立ちたい」という思いや、Tさんへの感謝の気持ちがあったなら、たとえ朝早くても、たとえ3人しかいなくても、不満を口にすることはなかったはずです。

私も講師になりはじめのころは、まだ「自分ベクトル」で物事を考えていました。

「どうしたら、仕事に恵まれるだろう」と、そのことしか頭にありませんでした。

でも、「良い縁が、良い円を生む」（60ページ）ことに気がついてからは、「人とのご縁を大切にするため」の努力を楽しめるようになりました。

人とのつながりを広げ、深め、育んでいくには、「人の役に立つこと」をすればいい。自然とそう思えるようになったのです。

世の中には、私より経験がある講師も、私より実力のある講師もたくさんいます。そんななかで、どうやって自分を選んでいただけるようにすればよいのでしょう？

その答えこそ、「ご縁を育むこと」だと思います。

そして、「ご縁を育む」ためには、「人の役に立つ」という視点を忘れないこと。「きちんと挨拶をする」「笑顔で接する」「不平不満を漏らさない」「常に感謝する」…。小さなことでも、人に喜んでもらえることは、たくさんあります。

「自分ベクトル」を捨て、「相手ベクトル」で振る舞う。**「人の役に立つ」ことが、結局は、自分の道を切り開く、いちばんの近道なのですね。**

036

「1%の気づかい」ができる人は、当たり前を超えている

2011年12月、私は企業家最年少で韓国の大統領表彰を受賞したべ・ドンチョルさんとともに、「チャリティー・クリスマスパーティー」を開催しました。参加者からいただいた会費を「あしなが育英会」(東日本大震災・津波遺児支援)に寄付するという主旨です。

パーティーの開催にあたって、お声がけしたのは200名ほど。プライベートなパーティーでしたから、参加人数は20名程度を予定していました。

ところが、たくさんの方からご賛同を得て、当日は、予想を上回る50人を超すお客様が足を運んでくださいました。快くご参加いただいたみなさんのハートに、私は心

を打たれました。

パーティーに参加されていない方のなかにも、大きな「愛」を示してくださった方々がいらっしゃいます。この「愛の大きさ」に、私は、驚きを隠さずにはいれませんでした。

「すみません、当日は別の予定があって参加できませんが、少しでもお役に立ちたいので、寄付金をお振込します」

と申し出てくださったのです（欠席にもかかわらず、寄付金を振り込んでくださった方が、なんと「4名」もいらっしゃいました）。

さらに、この方々からのメールの返信には、私が気兼ねせずにお金を受け取れるように、次のような一文が添えられていました。

「毎年あしなが育英会に寄付をしていたので、今回は、ちょうど良いタイミングのお誘いでした」

「毎年、クリスマスシーズンには、自分の年齢×１０００円の金額を寄付しようと決めていました。今年は、松澤さんにそのお金をお預けしますね」

お金を払うか、払わないかは、「会に参加するか、しないか」で考えるのが普通です。私も、そう思っていました。98～99％の人が、普通に、そう思うはずです。

ですが、**１～２％の方々（200人中の４人）は、「当たり前を超えた行動（参加しないのに、寄付金を支払う）」を、いつも行っていらっしゃるのです。**

「参加できなくても、自分にできることがなにかあるだろう」と考えてくださった結果だと思います。

また、私は、会に参加しないのに「寄付金」を託していただいたことで、自分が行っている活動を応援していただけたと、とても嬉しくなったことを覚えています。

○大きな感動は「当たり前を超えた先」に、生まれるもの

私が明治神宮の参道を歩いていたとき、掃き掃除専門の職人さんが、落葉を集めていました。

ところが、勢いよく舞った落ち葉が、参拝客のひとりにかかってしまったのです。

私はこの様子を見ていて、「これは、さすがに怒られちゃうかな？」と心配になりました。

けれど、落ち葉をかけられた女性は、怒るどころか（怒るのが当たり前なのに）、「お掃除ありがとうございます」とお礼を述べ、笑顔を見せたのです。

この女性の振る舞いに私が心を動かされたのは、「当たり前」を超えていたからです。

私が体調を崩して入院をしたとき、友人でイメージ・コンサルタントの三上ナナエさんが、お見舞いにメロンを届けてくれました。

手書きのメッセージカードには、

「このメロンをつくっている農園の人たちは、すごく心があたたかい人たちなんです。松澤さんには、そんなやさしい人たちがつくったメロンが合うと思いました」

と書かれていました。

入院をして心細いときに、メロンをいただいただけでも嬉しいのに、三上さんは「農園まで選んでくれた」のです。彼女の行動もまた、「当たり前」を超えていると思います。


友人との会食に、尊敬する経営者のMさんをお招きしました。

Mさんは「先約があり30分しか時間がありませんが、必ずうかがいます」と返事をくださいました。

とても忙しい方ですから、お断りしてもいいはずなのに（断るのが当たり前なのに）、Mさんは約束どおり、来てくださいました。

しかも「短い時間で申し訳ありません。お詫びに、これを」と言って、カバンからワインを取り出し、私たちにプレゼントしてくれたのです。

「当たり前を超えた行動をする」

大きな感動は「当たり前を超えた先」に、生まれるものだと思います。

私の経験上、こうした「当たり前を超えた行動ができる人」は、1〜2%です。でも、この人たちは、常に相手を大事に思い、「あの人を笑顔にするには、どうしたらいいのだろう?」と関心を寄せ、一歩先に目を向けているのです。

だからこそ、多くの人から慕われる人になっているのでしょうね。

037

「やれる！ できる！ 大丈夫！」は自分の心を強くする言葉

私の友人が、ホテルのお化粧室で、女優の藤原紀香さんを見かけました。

鏡の前に立つ藤原紀香さんは、まるで「鏡のなかの自分」に挑みかかるような表情をしていたそうです。友人のことなど目に入らないほど「集中していた」といいます。


藤原紀香さんは、ご自身の著書、『藤原主義』（幻冬舎）のなかで、イメージトレーニングの大切さを語っています。

「日頃からなりたい自分をイメージしていると、本当にその状況がやってきたときに、うろたえることがない」といった内容です。

もしかしたら藤原紀香さんは、このとき、「鏡の前に立ち、自分で自分を奮い立たせていた」のかもしれません。

私たちは、「自信を持って話したり、行動したりする人」に魅力を感じます。とくに女優は、テレビカメラの向こうの何百万人に対して「魅せる仕事」ですから、人前に立つ以上、人の何倍もの「自信」をまとっておく必要があるのでしょう。

自信があるように見える人でも、結局は「自分で自分に言い聞かせることで、自信を得て」いるのです。

イタリア・セリエＡ「インテル・ミラノ」に所属する長《なが》友《とも》祐《ゆう》都《と》選手が「パンダの抱き枕」を使っているのは、「不安を癒すため」と、テレビのインタビューで答えていました。

パンダの枕を抱え、自分と向き合い、自分の心と対話をすることが、世界という大きな舞台で活躍する秘訣なのかもしれません。

私も、藤原紀香さんと同じように、「鏡を見て、自分で自分を励ます」ことがあります。私がＣＡになれたのは、「７回試験に落ちても、絶対に、途中でやめようと思わなかったから」です。不合格が続くと弱気になり、どうしても落ちるのが怖くなってしまいます。

そんなとき私は、鏡の前に立ち「やれる！　できる！　大丈夫！」と自分で自分にエールを送り、弱気を振り払っていました。だからこそ、何度試験に落ちても、あきらめることなく、自分に自信を持ち続けることができたのだと思います。

「現在進行形の自分」、「いまの自分」を認めてあげること

「元ナンバーワン・カリスマホスト」という、異例の経歴を持つ経営者にお目にかかったことがあります。「お店でナンバーワンになれる人と、なれない人の違いはなんですか？」と、うかがってみると、ユニークなお答えをいただきました。

「それは、妄想する力の差ですね」

彼は、『オレはすごくモテる。ナンバー1ホストになる』と思い込み、モテてナンバー1ホストになっている自分を妄想する」ことによって自信をつけていました。そして、しぐさから溢れ出る「自信」が、多くの女性客を惹きつけたのだそうです。

なにかを成し遂げた結果として「自信が持てるようになる」こともあるでしょう。成功体験の積み重ねが、自信に変わることもあるでしょう。

けれど、**「なにも成し遂げていなくても、自信を持っていい」**と私は思います。「現在進行形の自分」、「いまの自分」を認めてあげることも必要です。

自信とは、自分を信じることです。だとすれば、「自分で自分に言い聞かせること」が、自信をつける最良の方法です。

「自信がある人」と「自信がない人」に資質の違いはありません。違うのは、気持ちの持ち方だけです。

「いまの自分を認めてあげる」「鏡の前で、自分をほめてあげる」たったそれだけのことで、人はだれでも「自信がある人」に変われるのです。

038

「損して得をとる生き方」が、結局いちばん得をする

いまから5年ほど前、講師としてかけだしだった私に、ある企業から「研修の依頼」がありました。事前の面談で、人事担当者から講師料のご提案をいただいたのですが、数日後、思わぬ展開に。

人事担当者から電話があり、「金額を見直してほしいんです。申し訳ありませんが、講師料はこの金額でお願いできませんか？」と相談されたのです。うかがうと、はじめにご提示いただいた金額の「半額以下」でした。

詳しい理由は聞いていませんが、察するに「講師としての経験が浅いので、人気講

師と同じ金額は払えない」ということだと思います。
講師になったばかりで、経済的にも余裕のなかった私は、一瞬「そんな…」とうろたえました。
でも、「この企業で研修ができるだけでも、幸せなことだ」「自分にとって大きな実績になる」と気持ちを切り替えた私は、先方の条件を受け入れることにしました。

結果的に、このときの私の判断は「正解」でした。
研修の見学に来られた人事部長が、私のことを気に入ってくださり、それから毎年、「研修の予定」を組んでくださったからです。

はじめに「損」をとったからこそ、「大きな得」に結びついたのです。

値下げを言い渡されたとき、「それでは約束が違います！」と腹を立て、一時の感情でお仕事をお断りしていたら、その瞬間に「ご縁」は切れてしまっていたでしょう。

パナソニック（旧社名：松下電器産業）の創業者、松下幸之助さんは、「損して得とれ」を体現した経営者です。

1923年（大正12年）、関東大震災が起こると、松下幸之助さんは、義弟の井植歳男さん（三洋電機創業者）に、次のように頼んだそうです。

「みなさん大変や思うけど、集金せんわけにもいかんからな。せやけどこれまでの売り掛けは半分でええ、そんで松下の商品は値段据え置きや、そう言うたげてくれ」

震災後の東京では物価が高騰しており、「値上げをするのが当たり前」の状況です。それなのに松下幸之助さんは、「当たり前を超えて」、震災前と同じ値段を守りました。するとと感激した問屋さんたちからの注文が殺到。結果として、「松下」の名は高まったといいます（参考：『同行二人　松下幸之助と歩む旅』北康利・著／ＰＨＰ研究所）。

「損して得とれ」は「損して『徳』とれ」でもある

「損して得とれ」は、もともと「損して『徳』とれ」の意味だった、ともいわれています。「損してでも一生懸命行っていれば、やがて人徳が高まり、人から認められるようになる。それにより、最終的に多くの得がやってくる」という考え方です。

私は現役CA時代に、お客様からよく声をかけられました。ときには、「機内にはCAが12人もいるのに、お客様は、どうして私にばかりクレームを言いたがるのだろう？　私のミスじゃないことなのに…」と思ったことがあります。


ですが、お客様のご要望に耳を傾け、一つひとつ、丁寧に対応をしているうちに、お客様から「お礼状」をいただくことが多くなりました。

クレームが「感謝」に変わったのです。

「損」から逃げずに受け入れたことで、それがやがて「徳」となって、周囲から認めてもらうことができたのです。


一時的な「損」をいとわない。**少しくらい自分の身を切ることになっても、それが「相手の役に立つ」のであれば、受け入れてみましょう。**

そうすれば、将来的に「大きな利益（＝ご縁や得）」になって返ってくるのです。

039

「かわいがられる人」とは、素直にすぐ行動に移す人

私は、「新入社員研修」を担当させていただくとき、みなさんに決まってお伝えしていることがあります。

「先輩からも、上司からも、お客様からも『かわいがられる人』になりましょう」と。

では、「かわいがられる人」とは、どんな人でしょうか？　私は「素直な人」だと思います。たとえば、元看護師のOさん。Oさんは、大学病院に勤務する看護師でしたが、「CAになりたい」という夢を持ち続けていました。

Oさんから相談を受けた私は、受験に臨むうえで必要なことをお伝えしました。

「エントリーシートの写真はとても大切。エアライン業界の受験者を撮り続けているスタジオで撮影したほうがいいよ」「英語力は重要だから、TOEICスコアは○○○点以上を目指そうね」などなど…。

すると彼女は「はい、わかりました！」「はい、やります！」と受け入れて、すぐに実行に移したのです。それまでも、「CAになりたい」という人からたくさんの相談を受けたことがありましたが、彼女ほど、「人から言われたことを、すぐに実行に移す人」は、はじめてでした。

あるとき彼女を含めた受験者数人に、「CAの集まりがあるから、みなさんも参加してみたらどう？　現役CAの話は参考になると思うよ」とすすめたことがあります。

すると、CA希望のほとんどの人が「でも、緊張しそうでちょっと怖いな…」とか「その日は用事があるから…」と言って参加を見送ったのに対し、Oさんだけは素直に「はい、行きたいです！　その日は仕事を休みます！」と興味を示したのです。

当日、臆せずにCAと接し、一生懸命メモを取るOさんを見て、私は「言われたことを素直にすぐ行動に移せる彼女は、人からかわいがられるし、絶対に合格する…」

と直感的にわかりました。


以前、私は、エアラインスクール（予備校）の先生に「どういう人が合格しやすいですか？」と質問したことがあります。先生は「素直な人」と教えてくださいました。


つまり、「こうしたほうがいいよ」と人からアドバイスをいただいたときに、

「でも…、自分にはできません」

「それをすると、本当に効果があるのでしょうか？」

と否定や質問から入る人は、合格しにくい。一方で、相手の意見に耳を傾け、受け入れ、とにかく言われた通りやってみようとする人は、合格しやすいそうです。


もちろん、その後、Oさんは合格。現在はCAとして、世界中の空を飛んでいます。

「素直」とは＝「す（素）ぐに直せる」人のこと

経営コンサルタント会社の社長のFさんは、新入社員を採用する際、受験者に対して「絶対に答えられないような、むずかしい質問」をするそうです。その質問に対して、「知ったかぶり」をした人は不採用。「申し訳ありません、わかりません」と素直に謝った人が合格になります。

Fさんの会社のみならず、各社の採用の現場では、「素直さを持った学生がほしい」という声をよく聞きます。

「現実の自分を受け入れる素直さ」「自分とは異なる意見にも耳を傾ける素直さ」「環境の変化を受け入れる素直さ」など、「素直さ重視」の会社が増えています。

「素直とは、す（素）ぐに直せる」の当て字だと、私は考えています。

自分にとって不都合なことでも、「はい、わかりました」「はい、大丈夫です」とまずは素直に共感を示し、すぐに行動に移せる人は、間違いなく、たくさんの人からかわいがられ、応援されるはずです。

自分を「直す」ことは、確かに、怖さが伴います。けれど、自分を「直す」勇気を持てたとき、その人の魅力は何十倍にも大きくなるのだと思います。

おわりに

相手のために行動を起こすことで「ご縁」が育まれ、さらに輝きに満ちた素敵な日本になれる

私の母親の命日に、35年以上、毎年、お墓参りに来てくださるご夫婦がいらっしゃいます。そのご夫婦は広島県にお住まいなのに、母のお墓がある兵庫県まで、わざわざ足を運んでくださいます。

幼いころ、私は、「母の親族かな?」と思っていたのですが、そうではなく、奥様のほうが、「母が独身時代に勤めていた会社の先輩」であることがわかりました。

このご夫婦は、私の弟の結婚式にも出席してくださるなど、親族のようにやさしく接してくださいます。

「どうして、こんなによくしてくださるのだろう?」私は一度、その理由をうかがったことがあります。すると奥様は、とてもあたたかい言葉をかけてくださいました。

「あなたのお母さんは、笑顔の素敵な人でした。お母さんのことを思い出すと、私たちは幸せな気持ちになります。あなたたちは、お母さんが残した大切な宝物。だから私たちも大切にしたいと思っている」

母は、私が5歳のときに病気で亡くなりました。残念ながら、私は母のことをそれほど覚えていません。ですが、亡くなってなお、深く慕われている母のことを、私は「すごい人だ」と思っています。私は母から料理を教わったことも、裁縫を習ったこともありません。母親の声も、しぐさも、はっきりとは思い出すことができません。それでも私は、母から、「人生でいちばん大切なこと」を学びました。

「人とのつながりは、財産である」と…。

私の母が亡くなったあとでさえ、どこまでも、どこまでも、距離も時間も超えて、「ご縁」がつながっています。ゴールがないから、人間関係はつなぎ続けることが大切なのだと思います。

母が亡くなり、叔母から「萬紀ちゃんのお母さんは、萬紀ちゃんをＣＡにさせたかったのよ」と聞かされたことがきっかけで、私はＣＡを志しました。どうして母が私をＣＡにさせたかったのか、その理由はわかりません。

ですが私は、７回も試験に落ちながらもＣＡになれたからこそ、たくさんの人に出会い、**「人の心は、人でしか豊かになれない」**ことに気がつくことができました。そのきっかけをくれた母の言葉に、私はいまも感謝しています。

自分が「生かされている」のだとしたら、人に喜んでもらえることをする

人の「ご縁」は、生き物です。放っておいたら、草花のように腐ってしまいます。腐らせるか、瑞々《みずみず》しく花を咲かせられるかは、自分次第です。ご縁をつないでいきたいなら、「やさしさや思いやりという水」を与え続けなければなりません。

水を与えるのを忘れたり、反対に与えすぎてしまい、ときには「ご縁を枯らしてしまう」ことがあるかもしれません。「相手は喜んでくれるだろう」と思ってしたことが、裏目に出てしまうかもしれません。それでも、水を与え続けてください。「どうすれば相手を笑顔にできるのか」を考え続けてください。その繰り返しが「習慣」となって、人生を劇的に変える「芽」となります。

ときに「人とのご縁」は、人生を変える大きな転機となることもあります。本書の担当編集者、飯沼一洋さんと私のご縁も、私の人生を変えたご縁でした。

飯沼さんをご紹介いただいたのは、「我究館《がきゅうかん》」の創業者である故・杉村太郎さんとのご縁がはじまりでした。

太郎さんからは「飯沼さんは、日本ランキングで、年間1位に担当した本をランクインさせ、それから、3度も、年間ベスト10に担当した本をランクインさせている編集者だよ（2012年度に担当本の『大富豪アニキの教え』〔兄貴 著／ダイヤモンド社〕が年間9位に入り、4度目のランクインを果たす）（※4）」とうかがっていたのですが、なぜそれだけの実績が出せたのか、一緒にお仕事をさせていただいて、すぐにわかりました。飯沼さんは、こうおっしゃっていました。

「僕は、本が完成したとき、著者がどんなに遠くに離れていても、出来上がったばかりの本を持って、自分の手で著者に手渡しする瞬間が好きなんです。可能な限りそうしています。著者が、出来上がったばかりの本を手に取って、とても幸せそうな顔をする瞬間が、僕にとってもたまらなく幸せな時間なのです」

実際、飯沼さんは出来上がったばかりの本を手に持ち、名古屋や、福岡など、日本全国、海外ではインドネシアにいる著者まで、手渡しで、本を届けています。

飯沼さんが、仕事を通じ、人との「つながり・ご縁・絆」を財産にしているからこそ、それが、めぐりめぐって「結果」として返ってきているのだと思います。

私たちは、自分の力で生きているのではなく、多くの人に支えられながら、「生かされている」のではないか。私には、そう思うときがあります。

人にはそれぞれ役割があり、その役割を成し遂げるために、文字通り「生かされている」のです。たくさんの人との関わりのなかで、自分が「生かされている」のだとしたら、「人のためになること」、すなわち「人に喜んでもらえることをしたほうがいい」と、私は思うのです。

とはいえ…、そういう私もまだまだ未熟で、つい、自分勝手に振る舞ってしまうことがあります。「人格を磨くのは、時間がかかる」と痛感することもあります。そんなときは本書を「自分への戒《いまし》め」として読み直そうと思います。「ご縁の花」が咲き続ける人間関係を築いていきたいと思います。

本書に書かれてある内容が、みなさんの人生を豊かにするきっかけになるのであれば、著者として、これほどの喜びはありません。

私は願っています。**多くの人が、相手を気づかい、相手を思い、相手のために行動を起こすことで、本当の「ご縁」が育まれ、人に幸せと豊かさをもたらし、いままで以上に輝きに満ちた素敵な日本になれるということを。**

最後になりましたが、本書、執筆のご縁をつないでいただきました「我究館《がきゅうかん》」創業者である故・杉村太郎さん、本書の作成に多大なるご助力をいただきましたクロスの藤吉豊さんと斎藤充さん、装丁家の重原隆さん、カメラマンの野口修二さん、書道家の山田華子さん、TSUTAYAビジネスカレッジの西園直広さん、出会わせていただいた500万人のお客様、いつも応援してくれるたくさんの友人たち、本当に感謝の気持ちでいっぱいです。

そして、本書の編集を担当していただきましたダイヤモンド社の飯沼一洋さんには、大変、お世話になりました。記して感謝、申し上げます。

そして、最後の最後に、大切に育ててくれた父と、私を生んでくれた母、一緒に助け合った姉・弟・妹に、また、新しい家族である、義兄、義妹、2人の天使（姪）にも感謝を込めて、「本当に、ありがとう」と伝えたいと思います。

2013年4月　満開の桜の花に包まれながら…

マナー講師　松澤《まつざわ》萬紀《まさ》

【引用&参考文献】

・（※1）「引用&参考文献1」
経済産業省製造産業局編「抗菌加工製品ガイドライン」生活関連新機能加工製品懇談会第一次報告

・（※2）「引用&参考文献2」
『帝国ホテル厨房物語―私の履歴書』（村上信夫／日本経済新聞出版社）参照

・（※3）「引用&参考文献3」
「ビズオーシャン」たまごが立たないコロンブスたちへ！　秋元康インタビュー　参考

・（※4）「引用&参考文献4」
2012年・年間ベストセラー9位／ビジネス部門・トーハン調べ
2010年・年間ベストセラー9位／ビジネス部門・日販調べ
2009年・年間ベストセラー1位／ビジネス部門・日販調べ
2008年・年間ベストセラー5位／ビジネス部門・日販調べ

[著者紹介]
松澤萬紀（まつざわ まき）

マナー講師
幼少期よりCA（客室乗務員）に憧れ、８回目の試験で念願のCAに合格。ANA（全日空）のCAとして12年間勤務する。

トータルフライトタイムは8585.8時間（地球370周分）。

在職中に、「社内留学制度」に合格し、西オーストラリアに１年間留学。現地学生とともに「ホスピタリティー」を学ぶ。

ANA退社後は、マナー講師、CS（顧客満足度）向上コンサルタントとして活動。関西人ならではのユーモラスな講義で、年間登壇回数は200回以上。総受講者数は、２万人以上。リピート率は97％に達し、１年後の研修も決まっている。

「礼法講師」資格、「日本メンタルヘルス協会公認心理カウンセラー」資格も持ち、「笑顔と思いやりからはじまるマナー」を、「３つのＫ（行動・気づき・心）」ですぐに行動化できることを目的とした人財育成を行う。

「新入社員研修」「管理職研修」「接遇研修」などを中心に、幅広い層に対して豊富な研修実績を持つ。とくに「新入社員研修」に関しては定評があり、100％のリピート率をほこる。また、企業研修のみならず、高校、大学でも講座を行っていて、毎回、大好評を博している。

また、読売テレビ「ミヤネ屋」への出演、毎日新聞にも掲載されるなど、メディアでも活躍中。

【連絡先】
マナー講師
松澤萬紀
http://www.matsuzawa-maki.com

100％好かれる１％の習慣

2013年４月11日　第１刷発行
2015年３月６日　第12刷発行

著　者――松澤萬紀
発行所――ダイヤモンド社
〒150-8409　東京都渋谷区神宮前6-12-17
http://www.diamond.co.jp/
電話／03·5778·7227（編集）03·5778·7240（販売）

装丁――――重原 隆
撮影――――Studio Vamos 野口修二
ヘア＆メイク―モリ サヤカ
編集協力――藤吉 豊（クロロス）
本文デザイン·DTP―斎藤 充（クロロス）
製作進行――ダイヤモンド・グラフィック社
印刷――――慶昌堂印刷
製本――――ブックアート
編集担当――飯沼一洋

ISBN 978-4-478-01734-0